Psychotherapie: Fort- & Weiterbildung

Willkommen zur Buchreihe „Psychotherapie: Fort- & Weiterbildung". Diese Reihe wurde für all diejenigen geschaffen, die sich in der Psychotherapie fort- und weiterbilden möchten. Unsere Bücher bieten einen umfassenden Überblick über und vertieftes Wissen zu allen relevanten Themen der Fort- und Weiterbildung in der Psychotherapie. In unseren Werken finden Sie fundierte Informationen zu verschiedenen therapeutischen Ansätzen auf dem aktuellsten Stand der Psychotherapieforschung sowie etablierte wie auch innovative Techniken. Wir decken ein breites Spektrum an Themen aus unterschiedlichen Perspektiven ab, je nachdem in welchem psychotherapeutischen Verfahren Sie Ihr Wissen vertiefen möchten: von der kognitiven Verhaltenstherapie, psychodynamischen Therapien, systemischer Therapie, achtsamkeitsbasierten Verfahren und vielem mehr. Unsere Autor:innen sind erfahrene Fachleute und Dozent:innen aus der Welt der Psychotherapie, die ihr Fachwissen und ihre Erfahrungen mit Ihnen teilen möchten. Sie führen Sie durch komplexe Konzepte und Methoden und zeigen Ihnen, wie Sie sie in Ihrer eigenen therapeutischen Praxis anwenden können. Darüber hinaus bieten unsere Bücher praktische Übungen, Fallstudien und Anleitungen zur Reflexion, um Ihnen zu helfen, Ihr Verständnis zu vertiefen und Ihre Fertigkeiten weiterzuentwickeln. Wir legen Wert darauf, dass unsere Werke nicht nur informativ, sondern auch inspirierend und praxisnah sind. „Psychotherapie: Fort- & Weiterbildung" ist eine unverzichtbare Ressource für alle, die ihr Wissen und ihre Fertigkeiten in der Psychotherapie erweitern möchten. Ob Sie eine erfahrene Therapeutin sind, die ihr Fachwissen vertiefen möchte, oder ein Einsteiger, der sich einen umfassenden Überblick über das Feld verschaffen möchte – unsere Buchreihe bietet Ihnen alles, was Sie brauchen, um erfolgreich in der Psychotherapie zu arbeiten.

Angelika Ebrecht-Laermann

Wege in die Psychoanalyse

Eine Orientierungshilfe für angehende Psychotherapeut:innen

Angelika Ebrecht-Laermann
Berlin, Deutschland

ISSN 3059-2836　　　　　　　　ISSN 3059-2844 (electronic)
Psychotherapie: Fort- & Weiterbildung
ISBN 978-3-662-70522-3　　　　ISBN 978-3-662-70523-0 (eBook)
https://doi.org/10.1007/978-3-662-70523-0

Die Deutsche Nationalbibliothek verzeichnet diese Publikation in der Deutschen Nationalbibliografie; detaillierte bibliografische Daten sind im Internet über https://portal.dnb.de abrufbar.

© Der/die Herausgeber bzw. der/die Autor(en), exklusiv lizenziert an Springer-Verlag GmbH, DE, ein Teil von Springer Nature 2025

Das Werk einschließlich aller seiner Teile ist urheberrechtlich geschützt. Jede Verwertung, die nicht ausdrücklich vom Urheberrechtsgesetz zugelassen ist, bedarf der vorherigen Zustimmung des Verlags. Das gilt insbesondere für Vervielfältigungen, Bearbeitungen, Übersetzungen, Mikroverfilmungen und die Einspeicherung und Verarbeitung in elektronischen Systemen.
Die Wiedergabe von allgemein beschreibenden Bezeichnungen, Marken, Unternehmensnamen etc. in diesem Werk bedeutet nicht, dass diese frei durch jede Person benutzt werden dürfen. Die Berechtigung zur Benutzung unterliegt, auch ohne gesonderten Hinweis hierzu, den Regeln des Markenrechts. Die Rechte des/der jeweiligen Zeicheninhaber*in sind zu beachten.
Der Verlag, die Autor*innen und die Herausgeber*innen gehen davon aus, dass die Angaben und Informationen in diesem Werk zum Zeitpunkt der Veröffentlichung vollständig und korrekt sind. Weder der Verlag noch die Autor*innen oder die Herausgeber*innen übernehmen, ausdrücklich oder implizit, Gewähr für den Inhalt des Werkes, etwaige Fehler oder Äußerungen. Der Verlag bleibt im Hinblick auf geografische Zuordnungen und Gebietsbezeichnungen in veröffentlichten Karten und Institutionsadressen neutral.

Planung/Lektorat: Heiko Sawczuk
Springer ist ein Imprint der eingetragenen Gesellschaft Springer-Verlag GmbH, DE und ist ein Teil von Springer Nature.
Die Anschrift der Gesellschaft ist: Heidelberger Platz 3, 14197 Berlin, Germany

Wenn Sie dieses Produkt entsorgen, geben Sie das Papier bitte zum Recycling.

Widmung

*Meinen Patientinnen und
Patienten.*

Vorwort

Sich auf eine psychoanalytische Behandlung oder gar Ausbildung einzulassen, ist eine spannende, herausfordernde und bereichernde Erfahrung. Es wäre wünschenswert, dass möglichst viele Kolleg:innen sowie angehende Psychotherapeut:innen die Möglichkeit haben, sich für diesen Weg zu entscheiden. Leider wird das zunehmend schwieriger, unter anderem auch, weil die Psychoanalyse in den letzten Jahren an den Universitäten immer weniger vertreten ist. Da sie überdies mit ihrem an subjektiver Erkenntnis orientierten Wahrheitsbegriff nur schwer mit dem gegenwärtigen Ideal evidenzbasierter Wissenschaft in Beziehung zu setzen ist und oft auch quer zur aktuellen digitalisierten Alltagskultur und Alltagswelt steht, erscheint sie aus der Außenperspektive derer, die mit ihr noch keine Berührung hatten, schwer zugänglich. Dies umso mehr, als es sich bei dem Weg in die Psychoanalyse um einen Weg in eine die Dimension unserer inneren Welt handelt, die nicht beobachtbar, sondern nur fühlbar und denkbar ist.

Doch dieser Weg lohnt sich. Denn wenn die Weltreise immer noch paradigmatisch als das größte Abenteuer in der äußeren Welt gilt, bedeutet die psychoanalytische Reise in die Welt des Inneren das zweite große Abenteuer unserer Zeit. Aus dieser Haltung heraus und in diesem Sinne habe ich das vorliegende Bändchen verfasst: als Orientierungshilfe im Hinblick darauf, was einen auf dem Weg in der Welt der Psychoanalyse erwartet, als Entscheidungshilfe für die Wahl der Therapie oder des zukünftigen Berufswegs und nicht zuletzt auch, um Interesse zu wecken und Mut zu machen, den Einstieg in eine im Unbewussten verankerte

Tiefendimension unserer Realität zu wagen. Und obwohl jede:r einzelne seinen bzw. ihren ganz besonderen Weg entdecken und entwickeln muss, gibt es doch auch Gemeinsamkeiten. Im Folgenden versuche ich daher, sowohl die äußeren als auch die inneren Bedingungen dieser Wege zu beschreiben und ihre Formen sowie Dynamiken verständlich zu machen. Beginnend in der äußeren Welt bei den institutionellen Strukturen schreite ich dann voran zu den Tiefen und Untiefen der inneren Welt psychoanalytischer Erfahrung.

In der Psychotherapie und schon gar in der Psychoanalyse sollte ja gerade *kein* Rat gegeben, sondern eine neutral aufnehmende und wohlwollend verstehende Position eingehalten werden. Da es sich im Kontext meiner Überlegungen hier aber nicht um eine therapeutische, sondern eher um eine didaktische Situation handelt, nutze ich die Gelegenheit, den Gedankengang in einigen Kapiteln mit einem Rat anzureichern, der dann allerdings nicht als Handlungsanweisung, sondern eher als Orientierungshilfe zum Nachdenken über den eigenen Weg in die Psychoanalyse zu verstehen ist.

Berlin, Deutschland   Angelika Ebrecht-Laermann

Danksagung

Ich danke Rolf Haubl, der die Arbeit an diesem Buch angestoßen und begleitet hat. Und ich danke Veronika Grüneisen für ihre hilfreich kritische Lektüre.

Interessenkonflikte
Ich erkläre, keine finanziellen Interessenkonflikte zu haben, da ich dieses Buch ohne finanzielle Hilfe von anderer Seite in meiner Freizeit verfasst habe. Auch nicht finanzielle Interessenkonflikte kann ich derzeit nicht ausmachen.

Ethische Standards Ich versichere, die Arbeit an dieser Veröffentlichung gemäß den Standards der *World Medical Association (WMA) Declaration of Helsinki – Ethical Principles for Medical Research Involving Human Participants* durchgeführt zu haben. Für die Darstellung der Fallbeispiele habe ich mich an den *§ 8 (6) Schweigepflicht* der derzeit geltenden *Berufsordnung der Psychotherapeutenkammer Berlin* (https://www.psychotherapeutenkammer-berlin.de/system/files/berufsodurchgeschrtextfassung_13_09_2016.pdf) gehalten. Die von mir verwendeten Fallvignetten sind entsprechend dieser Vorschrift anonymisiert und stellen darüber hinaus typisierte Situationsschilderungen dar, die nicht einer oder einem bestimmten Patient:in zuzuordnen sind.

Inhaltsverzeichnis

1 Der Weg der Psychoanalyse in der äußeren Welt 1
   1.1 Psychoanalyse als therapeutischer und beruflicher Weg 1
   1.2 Frühe Wege der Institutionalisierung und Professionalisierung von Psychoanalyse 3
   1.3 Der deutsche Sonderweg: Psychoanalyse im Kontext der gesetzlichen Krankenversicherung 5
   1.4 Professionalisierung und staatliche Einflussnahme ... 6
   1.5 Der andere Weg der Professionalisierung: Fachgesellschaften und Institute 9
   Literatur 11

2 Der psychoanalytische Weg von der äußeren in die innere Welt 13
   2.1 Theorie als Rahmen und Orientierung: Metapsychologie und klinische Psychoanalyse 14
   2.2 Psychotherapie und Psychoanalyse: von der Oberfläche in die Tiefe 17
   2.3 Psychoanalyse: Therapie oder Selbsterkenntnis? Beruf oder Berufung? 20
   2.4 Wege in die psychoanalytische Ausbildung 24
   2.5 Berufswunsch und inneres analytisches Objekt 26
   2.6 Wege durch die psychoanalytische Ausbildung: Lernen durch Erfahrung 28

2.7　Die Gruppe der Analytiker:innen: ihre Bedeutung für Berufsweg und psychoanalytische Arbeit 31
2.8　Unbewusstes bewusst machen: unmögliche Aufgabe oder paradoxer Weg? 33
Literatur 37

3　Der psychoanalytische Weg in der inneren Welt 41
3.1　Vor der Analyse: falsche Erwartungen als richtiger Beginn 42
3.2　Ein Rahmen, der keiner ist: innere und äußere Bedingungen psychoanalytischer Arbeit 46
3.3　Alles sagen, was einem in den Kopf kommt: eine unmögliche Grundregel? 53
3.4　Wahrhaftiges Lügen und lügenhafte Wahrheit 57
3.5　Die psychoanalytische Arbeit: Kunst, Technik oder Intuition? 60
3.6　Der analytische Prozess: Wiederholung und Langsamkeit als Wege des Fortschritts 66
3.7　Affekte und Gefühle in der Behandlung: Irrwege oder Orientierung? 72
3.8　Heilung ohne Ende, Entwicklung ohne Ziel, Erfüllung durch Enttäuschung 78
Literatur 82

4　Wege ins Innere der äußeren Welt 87
4.1　Vom Individuum zur Gesellschaft und zurück: Wege psychoanalytischer Sozialpsychologie 87
4.2　Der politische Gehalt psychoanalytischer Sozialpsychologie 90
Literatur 92

Biografische Angaben

Angelika Ebrecht-Laermann Psychoanalytikerin, Psychologische Psychotherapeutin (AP und TP), Supervisorin und Lehranalytikerin BPI/DPV/IPA/DGPT. Germanistin, promovierte Psychologin und habilitierte Politikwissenschaftlerin. Langjährig tätig in Forschung und Lehre sowie als externe Psychotherapeutin im Berliner Strafvollzug und als sachverständige Prognosegutachterin für Verkehrs- und Strafrecht. Derzeit freiberuflich tätig, niedergelassen in eigener Praxis. Ehemals Mitherausgeberin des *Jahrbuchs der Psychoanalyse*, derzeit Mitglied im Editorial Board des *International Journal of Psychoanalysis*.

Abkürzungsverzeichnis

AP	Analytische Psychotherapie
BPI	Berliner Psychoanalytisches Institut
BPtK	Bundespsychotherapeutenkammer
DGIP	Deutsche Gesellschaft für Individualpsychologie
DGAP	Deutsche Gesellschaft für Analytische Psychologie
DGPT	Deutsche Gesellschaft für Psychoanalyse, Psychotherapie, Psychosomatik und Tiefenpsychologie e. V.
DPG	Deutsche Psychoanalytische Gesellschaft
DPV	Deutsche Psychoanalytische Vereinigung
GKV	Gesetzlichen Krankenversicherung
IPA	International Psychoanalytical Association
IPV	Internationale Psychoanalytische Vereinigung
ST	Systemische Therapie
TP	Tiefenpsychologisch fundierte Psychotherapie
VT	Verhaltenstherapie

Der Weg der Psychoanalyse in der äußeren Welt

1

Inhaltsverzeichnis

1.1 Psychoanalyse als therapeutischer und beruflicher Weg	1
1.2 Frühe Wege der Institutionalisierung und Professionalisierung von Psychoanalyse	3
1.3 Der deutsche Sonderweg: Psychoanalyse im Kontext der gesetzlichen Krankenversicherung	5
1.4 Professionalisierung und staatliche Einflussnahme	6
1.5 Der andere Weg der Professionalisierung: Fachgesellschaften und Institute	9
Literatur	11

Zusammenfassung Der im Folgenden skizzierte Weg in die innere Realität der Psychoanalyse startet in der äußeren Welt. Dementsprechend gibt das 1. Kapitel einen kurzen Einblick in die Entstehungsgeschichte und Institutionalisierung der Psychoanalyse, insbesondere auch der psychoanalytischen Ausbildung. Es liefert zudem Informationen über das Verhältnis der Fachgesellschaften zu den staatlichen und gesetzlichen Rahmenbedingungen.

1.1 Psychoanalyse als therapeutischer und beruflicher Weg

Gemessen an anderen altehrwürdigen Heilberufen wie etwa dem des Arztes oder Pfarrers existiert der Beruf der Psychoanalytiker:in noch nicht lange. Datiert man seinen Beginn mit der Veröffentlichung der Behandlung von Anna O. alias Bertha Pappenheim durch Josef Breuer und Sigmund Freud auf das Jahr 1895, dann gibt es ihn gerade mal 125 Jahre.

Heutzutage jedoch sind Psychoanalyse und Psychotherapie professionalisierte Tätigkeiten, also „etablierte Disziplinen mit einem systematischen Wissensfundus" und einer spezifischen Haltung, einem „professionellen *Habitus*, der in Ausbildung und Berufserfahrung erworben wird" (Pollak 1999, S. 1274 f.). Ihnen entsprechen Berufe, die in staatlich autorisierten Institutionen gelehrt, von spezifisch qualifizierten Menschen gelernt und in einem gesetzlich geregelten Rahmen ausgeübt werden. Das war lange Zeit nicht so. Erst mit dem Psychotherapeutengesetz von 1998 wurde die psychotherapeutische Tätigkeit der ärztlichen gleichgestellt und endgültig in die „Regelsysteme des Gesundheitswesens" eingebunden (Pollak 1999, S. 1266).

Diesem Gesetz zufolge wird Psychoanalyse als „Psychotherapie Heilkunde und Krankenbehandlung" (Janssen 2001, S. 491) aufgefasst. Das stimmt und stimmt zugleich auch nicht. Denn wer heilen will, zielt darauf ab, Patient:innen gesund zu entlassen und die Behandlung zu beenden. Dies ist jedoch nicht das Hauptziel der Psychoanalyse, sondern eher eines ihrer Beiprodukte. Wenn sich eine Symptomheilung einstellt, heißt das, dass die psychoanalytische Arbeit erfolgreich weitergehen kann. Insofern bezeichnet Freud (1937, S. 94) den Beruf des Psychoanalytikers als einen der „‚unmöglichen' Berufe, in denen man des ungenügenden Erfolgs von vornherein sicher sein kann", da der therapeutische Prozess eigentlich unabschließbar ist. Daran angelehnt, möchte ich behaupten, dass es sich bei der Psychoanalyse nicht nur um einen unmöglichen (vgl. Kernberg et al. 2005), sondern auch um einen in sich widersprüchlichen und paradoxen Beruf handelt, der gerade durch das vermeintlich Unmögliche viele Möglichkeiten eröffnet.

Das Paradoxe an der klinisch-therapeutischen Arbeit als Psychoanalytiker:in besteht zunächst darin, dass sie einerseits zutiefst individuell und kaum regulierbar scheint, dass sie sich andererseits aber gesellschaftlich, rechtlich und sozial in einem stark reglementierten Raum vollzieht. Da die Tätigkeit stets sehr eng mit der eigenen Ausbildung, mit dem in ihr erworbenen

Selbstverständnis verbunden bleibt und deshalb trotz aller gebotenen Neutralität immer etwas zutiefst Persönliches enthält, scheint es kaum möglich, etwas über sie zu schreiben, was von der eigenen beruflichen Identität absieht. In meinem Fall ist es in erster Linie die Identität als im klassischen Setting, das heißt hochfrequent (mit 4 Sitzungen pro Woche), arbeitende Psychoanalytikerin und in zweiter Linie die einer tiefenpsychologisch orientierten Psychotherapeutin, die auch niederfrequent, also mit einer Frequenz von 1, 2 oder 3 h pro Woche, in unterschiedlichen Kontexten mit Patient:innen arbeitet. Aus dieser Perspektive heraus sind die folgenden Überlegungen zu verstehen. In ihnen werde ich versuchen, einen Überblick über die unterschiedlichen Wege in die Psychoanalyse zu geben. Gemeint ist einerseits der Weg zur Psychoanalyse als Beruf, der andererseits aber immer auch ein Gefühl der Berufung beinhaltet. Diese Berufung wiederum heißt, zunächst seinen je eigenen Weg über die Selbsterfahrung und/oder Theorie in die Psychoanalyse gefunden zu haben, in dessen Verlauf der Wunsch geweckt oder bestärkt wird, die Arbeit der Psychoanalyse selbst zu erlernen und auszuüben.

1.2 Frühe Wege der Institutionalisierung und Professionalisierung von Psychoanalyse

Zu Freuds Zeiten existierten noch keine institutionalisierten, allgemein anerkannten Regeln und Vorschriften für die psychoanalytische Arbeit und Ausbildung, außer denen, die er selbst mit seiner klinischen Theorie und Technik entwickelt hatte. Da es um die Wende vom 19. zum 20. Jahrhundert weder das Studium der Psychologie noch den Beruf von Psychotherapeut:innen gab, wurde die psychoanalytische Bewegung und mit ihr auch die Entwicklung der Psychotherapie zunächst getragen von einer recht heterogenen Pioniergeneration, bestehend aus Ärzten, Philosophen, Literaten, Kindergärtnerinnen … Allerdings gründete Freud im Frühjahr 1910 die *Internationale Psychoanalytische Vereinigung* (IPV), um in einem gewissen Rahmen verbindliche technische wie ethische Standards für die psychoanalytische Therapie zu sichern. Seither ist eine lange, teilweise auch rasante Entwicklung zu beobachten, in deren Verlauf es zu einer immer stärkeren Professionalisierung im Bereich der Psychotherapie gekommen ist, der sich auch die Psychoanalyse nicht entziehen konnte.

Während die therapeutische Behandlungstechnik der Psychoanalyse im 20. Jahrhundert in Deutschland weiterhin nicht nur von Mediziner:innen, sondern auch von Intellektuellen, Geistes- und Sozialwissenschaftler:innen oder auch Künstler:innen erlernt und ausgeübt wurde, ist sie inzwischen zu einem anerkannten Heilberuf geworden, der ausschließlich Ärzt:innen und Psycholog:innen offensteht und der analog zur Facharztausbildung in dafür vorgesehenen universitären und außeruniversitären Institutionen gelehrt und ausgeübt wird. Neben und außer der Psychoanalyse haben sich auch andere psychotherapeutische Verfahren entwickelt, von denen insbesondere die auf der Lerntheorie bzw. dem Behaviorismus basierende *Verhaltenstherapie* breite gesellschaftliche Anerkennung und institutionelle Akzeptanz erlangt hat.

Die erste Generation von Psychoanalytiker:innen gründete bald in aller Welt psychoanalytische Institute, gezwungenermaßen meist außerhalb der Universitäten. Da sich viele deutsche Vertreter:innen der Psychoanalyse während des Nationalsozialismus (NS) durch kollaborierende Kompromisse mit dem NS-Regime korrumpiert hatten, wurde die *Deutsche Psychoanalytische Vereinigung* (DPV) nach dem Zweiten Weltkrieg 1950 neu gegründet, gerade auch in Abgrenzung zur alten *Deutschen Psychoanalytischen Gesellschaft* (DPG). 1967 wurden die Psychotherapie-Richtlinien erlassen, die es den Krankenkassen ermöglichen, Psychotherapie zu finanzieren, die es ihnen aber auch zugestehen, vor Aufnahme einer Psychotherapie ein Antrags- bzw. Anamneseverfahren zur Diagnose-, Prognose- und Indikationsstellung verpflichtend vorzuschreiben und an die im Rahmen der *gesetzlichen Krankenversicherung* (GKV) und deren Versicherungssystem tätigen Psycholog:innen und Ärzt:innen eine klar definierte Qualifikationsanforderung zu stellen. Seither können ärztliche Psychoanalytiker:innen mit den gesetzlichen und privaten Krankenkassen abrechnen. Nicht ärztliche Analytiker:innen, die ihre Ausbildung an einem anerkannten Institut absolviert hatten, mussten ihre Behandlungen damals zunächst im sogenannten Delegationsverfahren im Auftrag ihrer ärztlichen Kolleg:innen durchführen. Daneben entstand ein breiter, halb legaler grauer Markt von Psychotherapeuten:innen, die im Schutz des Heilpraktikergesetzes ohne anerkannte Ausbildung im privaten Abrechnungssystem arbeiteten.

1.3 Der deutsche Sonderweg: Psychoanalyse im Kontext der gesetzlichen Krankenversicherung

Während in fast allen anderen Ländern die Patient:innen ihre Therapie zum großen Teil oder ganz selbst bezahlen müssen, übernehmen in Deutschland seit geraumer Zeit die Krankenkassen einen klar umschriebenen Anteil an Behandlungsstunden. Seit 1967 ist die *Analytische Psychotherapie* (AP) als Richtlinienpsychotherapie im System der GKV zugelassen, seit 1987 außerdem die *Verhaltenstherapie* (VT), seit der Etablierung des Psychotherapeutengesetzes (PsychThG) 1998 die *Tiefenpsychologisch fundierte Psychotherapie* (TP) und seit der Novellierung des PsychThG 2019 auch die *Systemische Therapie* (ST) (vgl. Dieckmann et al. 2018, S. 1 ff.). Alle als Richtlinienpsychotherapie anerkannten Verfahren werden in einem festgelegten Umfang (VT bis zu 80 Sitzungen, TP bis zu 100 Sitzungen, AP bis zu 240–300 Sitzungen) von den Krankenkassen finanziert. Außer diesen Langzeittherapien übernehmen die Krankenkassen noch Akuttherapien bzw. Kurzzeittherapien über 12–24 Sitzungen sowie Gruppentherapien und Behandlungen von Kindern in den Richtlinienverfahren.

Das 1999 neu zugelassene Richtlinienverfahren der TP wurde in den Psychotherapie-Richtlinien als „Kompromissformel" (Pollak 2001, S. 835) verwendet, um „niedrigfrequente Therapieformen von mittlerer Behandlungsdauer" zu ermöglichen (Pollak 2001, S. 835). Die TP diente zunächst auch als Auffangbecken für viele Repräsentanten des bis dato grauen Marktes unterschiedlichster Therapieformen. Inzwischen hat sie sich zu einer ausformulierten Methode entwickelt, die als eigenständiges Verfahren ihre Unabhängigkeit von der Psychoanalyse beansprucht. TP und AP werden seither offiziell unter der Rubrik der psychodynamischen Verfahren zusammengefasst, was die Herkunft aus der Psychoanalyse markiert (vgl. Rudolf 2019, S. 3). Ich würde demgegenüber mit Janssen (2001, S. 491) die Psychoanalyse als „Grundlagenwissenschaft" für alle psychodynamischen Psychotherapien bezeichnen. Unter der Bezeichnung psychodynamisch werden heute alle die psychotherapeutischen Verfahren zusammengefasst, die auf der Arbeit mit unbewussten Konflikten beruhen. Alle anderen therapeutischen Verfahrensweisen arbeiten eher an bewussten Verhaltensweisen und (Selbst-)Wahrnehmungen.

Um in Deutschland im Rahmen der GKV als Richtlinienverfahren anerkannt zu werden, muss ein psychotherapeutisches Verfahren über eine gut begründete Krankheitslehre und einen Wirksamkeitsnachweis für die Behandlung verfügen. Dafür muss neben Zweckmäßigkeit und Wirtschaftlichkeit auch dessen Wirksamkeit für einen bestimmten Indikationsbereich in empirischen Studien nachgewiesen sein (vgl. Dieckmann et al. 2018, S. 7). Wahrscheinlich liegt es insbesondere an der verstärkten gesellschaftlichen Organisation der Psychotherapie in den unterschiedlichen Organen der Interessenvertretung wie beispielsweise den Psychotherapeutenkammern und Fachgesellschaften, dass in den letzten Jahrzehnten mehr psychotherapeutische Verfahren anerkannt worden sind. Dazu kommt, dass der Wirksamkeitsnachweis durch evidenzbasierte empirische Forschung meist nur über eine gute Verankerung in Forschungseinrichtungen und Universitäten erbracht werden kann, wo derzeit fast alle Lehrstühle von Verhaltenstherapeut:innen besetzt sind.

1.4 Professionalisierung und staatliche Einflussnahme

Mit dem PsychThG vom 16.07.1998 (BGB I. I S.1311) (s. https://www.gesetze-im-internet.de/psychthg_sgb5ua_ndg/BJNR131100998.html) und dessen Novellierung vom 15.11.2019 (s. https://www.gesetze-im-internet.de/psychthg_2020/BJNR160410019.

1.4 Professionalisierung und staatliche Einflussnahme

html) hat nun also der Staat den Bereich therapeutischer Tätigkeit übernommen und klare Regeln bzw. Gesetze für Ausbildung und Berufsausübung geschaffen. Analog zum/zur medizinischen *Fachärzt:in für Psychotherapie* schuf das PsychThG 1998 den gesetzlich geschützten Titel *Psychologische:r Psychotherapeut:in* und ersetzte ihn 2019 durch die Bezeichnung *Psychotherapeut bzw. Psychotherapeutin*. Es stellte verbindliche Ausbildungsrichtlinien auf und etablierte gesetzlich geregelte Zulassungs- sowie Prüfungsverfahren. Dadurch wurde eigens für Psycholog:innen der Weg einer staatlich reglementierten Berufsausbildung (PsychThG-Ausbildung) geschaffen, die mit einer der ärztlichen Behandlungserlaubnis gleichgestellten Approbation abschließt und bei entsprechender Ausbildung und Fachkunde auch zu einer Fachärzt:innen äquivalenten, berufsrechtlichen Anerkennung führt. Zugleich wurden analog zu den Landesärztekammern und der Bundesärztekammer auch Psychotherapeutenkammern eingerichtet, in denen alle Psychologischen Psychotherapeut:innen zwangsläufig Mitglieder werden und an deren Regularien sie in ihrer Arbeit gebunden sind. Die gesetzliche Regulierung des psychotherapeutischen Bereichs bietet neben Haftungssicherheit nun auch eine gewisse Qualitätsgarantie.

Eine aus meiner Sicht bedauerliche Neuregelung betrifft den gesetzlichen Ausschluss der sogenannten Laienanalyse und die Beschränkung der Erlaubnis zur Berufsausübung auf Ärzt:innen und Psycholog:innen. Verloren gegangen ist dadurch ein geistiger Reichtum an motivierten Vertreter:innen anderer Fachrichtungen, beispielsweise Theolog:innen oder Soziolog:innen. Ein Vorteil besteht hingegen darin, dass der Eintrag ins Arztregister mit der sozialrechtlichen Anerkennung auch Psychologischen Psychotherapeut:innen die Möglichkeit eröffnet, durch Bewerbung auf die Ausschreibung der *Kassenärztlichen Vereinigung* (KV) einen Kassensitz käuflich zu erwerben, damit eigenständig tätig zu werden und Behandlungen über die Krankenkassen abzurechnen.

Mit der 2. Novellierung des PsychThG vo 2019 wurde die psychotherapeutische Ausbildung als *Direktausbildung* an die Hochschulen verlegt. Seither ist es möglich, dort ein Psychotherapiestudium (bestehend aus Bachelor- und Masterstudiengang) zu absolvieren, das mit der Approbation abschließt. Diese Ausbildung ist allerdings nicht verfahrensspezifisch und berechtigt insofern auch noch nicht, eines der zugelassenen psychotherapeutischen Verfahren mit den Gesetzlichen Krankenkassen abzurechnen. Um als Psychotherapeut:in im Rahmen der GKV tätig werden zu dürfen, müssen Psychotherapeut:innen zukünftig nach Abschluss des Studiums und Erwerb der Approbation eine Weiterbildung mit Spezialisierung für eines der Richtlinienverfahren (VT, TP, AT oder ST) durchlaufen. Analog müssen auch Ärzt:innen eine solche Weiterbildung abschließen, um den Zusatztitel *Fachärzt:in für Psychotherapie* zu erlangen und sich in eigener Praxis niederlassen zu können. Die Ausbildung zur/zum Kindertherapeut:in, die bis 2019 auch von Pädagog:innen und Sozialarbeiter:innen mit (Fach-)Hochschulabschluss durchlaufen werden konnte, ist in den Psychotherapiestudiengang integriert und ebenfalls an die Universitäten verlagert worden. Die Spezialisierung in Richtung auf die sozialrechtliche Zulassung als *Psychotherapeut:in* analog zu den Fachärzt:innen erfolgt dann im Rahmen der sich anschließenden Weiterbildung in einem anerkannten Richtlinienverfahren.

Die Weiterbildung können Sie demnächst an eigens dafür zugelassenen universitären oder außeruniversitären Einrichtungen absolvieren. Bis zur Novelle des PsychThG 2019 waren im Bereich der Psychoanalyse dafür die Fachgesellschaften wie beispielsweise die DPV und die DGP zuständig (vgl. DPG-Website https://dpg-psa.de/ und DPV-Website https://www.dpv-psa.de/startseite/). Seitdem müssen die Weiterbildungsordnungen von den Psychotherapeutenkammern verabschiedet werden und die Weiterbildungen werden von Weiterbildungsbeauftragten an Weiterbildungsinstituten und Weiterbildungsstätten mit Anstellung an Ambulanzen und Kliniken durchgeführt, streng am jeweiligen Verfahren orientiert. Da die Weiterbildung Ländersache ist muss die je aktuelle Weiterbildungsordnung für jedes Bundesland gesondert gesucht werden. Als Beispiel kann hier die Weiterbildungsordnung für Berlin gelten: https://www.psychotherapeutenkammer-berlin.de/system/files/document/WBO_P_Textfassung_14.03.23-mitInhaltsverzeichnis.pdf).

Die Frage, ob es jenseits des Rahmens (Stundenfrequenz und Setting) einen grundlegenden inhaltlichen Unterschied zwischen Psychoanalyse und TP gibt und wie tiefgreifend bzw. weitreichend dieser ist, bleibt zwar umstritten, ihre Trennung in 2 unterschiedliche

Richtlinienverfahren scheint aber institutionell unumkehrbar zu sein. Viele psychoanalytische Institute haben im Kontext des 1. PsychThG beispielsweise die sogenannte verklammerte Ausbildung (AP und TP) angeboten, was in Zukunft nicht mehr möglich sein wird. Seit Inkrafttreten des neuen PsychTG und in der Folge der neuen Musterweiterbildungsordnung für Psychotherapeuten gibt es eine sogenannte Gebietsweiterbildung (in den Gebieten der Erwachsenen- oder der Kinder- und Jugendlichentherapie), verbunden mit der Möglichkeit, die sozialrechtliche Zulassung in verschiedenen Bereichen (AP, TP, SP oder VT) zu erwerben – analog zur Facharztausbildung. Zugleich wurde jedoch auch die Möglichkeit geschaffen, in der Weiterbildung 2 Gebiete oder Bereiche zu kombinieren. Mit der Novellierung des PsychThG wurde also die Professionalisierung der Psychotherapie in gewisser Weise abgeschlossen, ohne dass aufgrund mangelhafter Finanzierung und institutioneller Schwierigkeiten freilich heute schon absehbar ist, ob und wie dieser neue Weg funktionieren kann.

1.5 Der andere Weg der Professionalisierung: Fachgesellschaften und Institute

Vor Inkrafttreten des PsychThG hatten die unterschiedlichen Fachgesellschaften den Bereich der therapeutischen Ausbildung und Berufspraxis eigenständig geregelt, meist durch entsprechende Ausbildungsregularien und strikte Ethikrichtlinien. Diese Ausbildungsgänge versuchen sie, weiterhin aufrechtzuerhalten. Im Unterschied zu den verschiedenen verhaltenstherapeutischen Instituten sind die psychoanalytischen Institute Mitgliederinstitute. Sie gliedern sich meist einer nationalen oder auch internationalen Fachgesellschaft ein, die die jeweilige theoretische und klinische Ausrichtung markiert. Neben und außer der PsychThG-Ausbildung wird dort in der Regel auch noch eine Ausbildung den Regularien der jeweiligen Fachgesellschaft entsprechend absolviert, und wer sie (nach oder vor der PsychThG-Prüfung) erfolgreich abschließt, wird meist automatisch Mitglied einer Fachgesellschaft (DPV, DPG, DGIP und DGAP) sowie des Heimatinstitutes und kann auf Antrag auch Mitglied des Dachverbandes der *Deutschen Gesell-*

schaft für Psychoanalyse, Psychotherapie, Psychosomatik und Tiefenpsychologie e. V. (DGPT) werden (vgl. Website der DGPT https://dgpt.de/), die eine wichtige Funktion im Hinblick auf die berufliche Interessensvertretung innehat. Das heißt, dass die Ausbildung bzw. Weiterbildung nicht wie an den Universitäten dazu führt, dass die Absolvent:innen das Institut verlassen, sondern im Gegenteil dazu, dass sie die volle und meist lebenslange Mitgliedschaft im Institut und in der Fachgesellschaft erwerben.

Allerdings lassen sich bereits in der Frühzeit der analytischen Bewegung einige zentrale Wendepunkte in Richtung auf eine Professionalisierung ausmachen. Der erste Wendepunkt besteht in der Einführung einer obligatorischen Lehranalyse (heute Selbsterfahrung) als Bedingung der späteren Berufsausübung, der zweite in der Einführung des sogenannten Eitingon-Modells als Grundlage der psychoanalytischen Ausbildung. Die Struktur der psychoanalytisch-psychotherapeutischen Ausbildung geht auch in ihrer aktuellen Form noch zurück auf die 1923 nach dem Vorbild des 1920 gegründeten und 1950 nach dem Zweiten Weltkrieg neu gegründeten *Berliner Psychoanalytischen Instituts* (BPI) — auch *Karl-Abraham-Institut genannt* — formulierten Ausbildungsrichtlinien (vgl. Website des BPI https://bpi-psa.de). Es handelt sich dabei um das von Max Eitingon (1881–1913) entwickelte Modell der psychoanalytischen Ausbildung mit seinen 3 Säulen: Persönliche Analyse (Lehranalyse), Kontrollanalyse (Supervision) und Theorie (vgl. Schröter 2002, S. 175 ff.; 2008, S. 135 ff.). Nachdem Eitingon sein Ausbildungsmodell 1925 auf dem Kongress der IPV in Bad Homburg vorgestellt hatte, verbreitete es sich über die ganze Welt und erlangte allgemeine Geltung.

Was sich in den 1920er-Jahren in der Psychoanalyse als Supervision entwickelte, gilt heute als obligatorisch für *jede* psychotherapeutische Ausbildung wie auch für viele Arten sozialer Praxis (vgl. Binder-Klinsing 2016; vgl. Grünewald-Zemsch 2019). Über die psychoanalytische Tätigkeit hinaus verbreitet hat sich auch die Regel, sich nach Abschluss der Ausbildung permanent fortzubilden und in Intervisionsgruppen, Supervisionen, also in kollegialen Falldiskussionen und theoretischen Seminaren, Halt und Unterstützung in der Gruppe therapeutischer Kolleg:innen zu suchen. Wie jedoch eine Supervision gestaltet und was, wie vermittelt wird, bleibt — wie die Psychoanalyse selbst — dem supervisorischen Paar überlassen.

Ähnlich der Technik psychoanalytischer Therapie wird auch die Technik der psychoanalytischen Supervision traditionell von Generation zu Generation weitergegeben und über langjährige eigene Erfahrung vermittelt, also in der Beziehung zwischen Supervisor:in und Supervisand:in. Einen wichtigen Orientierungspunkt jedoch bilden die Ethikrichtlinien der Fachgesellschaften und Kammern, die in den meist sehr langen Ausbildungen qua Selbsterfahrung und Supervision so vermittelt werden, dass sie ein Bestandteil der beruflichen Identität werden und die Haltung zur eigenen therapeutischen Tätigkeit begründen (vgl. Koenen & Martin 2015).

Während der Beruf des/der Psychoanalytiker:in in anderen Ländern und zu früheren Zeiten überwiegend nebenberuflich ausgeübt wurde und wird, ist er in Deutschland, wo Psychotherapie seit 1972 in von der gesetzlichen Krankenversorgung gezahlt wird, für die meisten inzwischen der Hauptberuf und Grundlage des individuellen Erwerbseinkommens. Die dadurch entstehende finanzielle Abhängigkeit von den Patient:innen, die ihrerseits psychisch abhängig von den Therapeut:innen sind, markiert einen existenziellen Widerspruch der psychoanalytischen Tätigkeit. Und der bezieht sich nicht nur auf die materiellen Aspekte der analytischen Beziehung, sondern er ist zutiefst persönlich verankert. Denn das, was einerseits eine hochgradig formalisierte und reglementierte Tätigkeit darstellt, erstreckt sich andererseits in höchst prekäre und private, ja intime Bereiche.

Rat: Nicht nur der Verlauf der Ausbildung, sondern auch die spätere Einstellung zur beruflichen Tätigkeit ist wesentlich von der Wahl der Therapieform abhängig. Überlegen Sie also gut, welche Art der therapeutischen Ausbildung für Sie passend sein könnte. Sie sollte für Sie persönlich spannend, bereichernd und erkenntnisoffen sein und zugleich technische Kunstfertigkeit und Sicherheit in der Arbeit vermitteln.

Literatur

BPI-Website https://bpi-psa.de
Berufsordnung der Kammer für Psychologische Psychotherapeuten und Kinder- und Jugendlichenpsychotherapeuten im Land Berlin vom 30.11.2013 zuletzt geändert am 13.09.2016 https://www.psychotherapeutenkammer-berlin.de/system/files/berufsodurchgeschrtextfassung_13_09_2016.pdf

BPTK-Website https://www.bptk.de/
Binder-Klinsing, G. (2016). *Psychodynamische Supervision*. Vandenhoeck & Ruprecht.
Dieckmann, M., Dahm, A. & Neher, M. (Hrsg.) (2018). *Faber-Haarstrick. Kommentar Psychotherapie-Richtlinien*. 11. aktualisierte und ergänzte Aufl. Elsevier.
DGPT-Website https://dgpt.de/
DPG-Website https://dpg-psa.de/
DPV-Website https://www.dpv-psa.de/startseite/
Freud, S. (1937c). Die endliche und die unendliche Analyse. *GW XVI.* 57–99.
Grünewald-Zemsch, G. (2019). *Die psychoanalytische Ausbildungssupervision – „Thinking under fire": Geschichte, Methoden und Konflikte.* Psychosozial-Verlag.
Janssen, P. L. (2001). Zur aktuellen Situation der Anwendungen der Psychoanalyse in der Psychotherapie. In: W. Bohleber & S. Drews (Hrsg.): *Die Gegenwart der Psychoanalyse – die Psychoanalyse der Gegenwart.* Klett-Cotta, 491–507.
Kernberg, O. F., Dulz, B. & Eckert, J. (Hrsg.) (2005). *WIR: Psychotherapeuten über sich und ihren unmöglichen Beruf.* Schattauer.
Koenen, M. & Martin, R. (2015). *Wege und Umwege zum Beruf des Psychotherapeuten. Entwicklungsprozesse psychotherapeutischer Identität.* Mit einem Vorwort von M. Leuzinger-Bohleber. Psychosozial.
Pollak, T. (1999). Über die berufliche Identität des Psychoanalytikers. Versuch einer professionstheoretischen Perspektive. *Psyche – Z. Psychoanal. 53(12),* 1266–1295.
Pollak, T. (2001). Ist die psychoanalytische Identität bedroht? Zur aktuellen berufspolitischen Situation der Psychoanalyse in der Bundesrepublik. *Psyche – Z. Psychoanal. 55(8),* 835–863.
Psychotherapeutengesetz vom 16.07.1998 http://www.gesetze-im-internet.de/psychthg/BJNR131110998.html
Psychotherapeutengesetz vom 15.11.2019 https://www.gesetze-im-internet.de/psychthg_2020/BJNR160410019.html
Psychotherapeutenkammer Berlin Website http://www.psychotherapeutenkammer-berlin.de
Rudolf, G. (2019). *Psychodynamisch denken – tiefenpsychologisch handeln. Praxis der tiefenpsychologisch fundierten Psychotherapie.* Schattauer.
Schröter, M. (2002). Die „Eitingon-Kommission" (1927–1929) und ihr Entwurf einheitlicher Ausbildungsrichtlinien für die IPV. *Jahrb. Psychoanal. 45,* 173–231.
Schröter, M. (2008). Die Ausbreitung des Berliner Modells der Analytikerausbildung. Eine Skizze der internationalen Unterrichtskommission 1925–1938. *Jahrb. Psychoanal. 57,* 133–158.
Weiterbildungsordnung Berlin https://www.psychotherapeutenkammer-berlin.de/system/files/document/WBO_P_Textfassung_14.03.23-mitInhaltsverzeichnis.pdf

Der psychoanalytische Weg von der äußeren in die innere Welt

2

Inhaltsverzeichnis

2.1 Theorie als Rahmen und Orientierung: Metapsychologie und klinische Psychoanalyse 14
2.2 Psychotherapie und Psychoanalyse: von der Oberfläche in die Tiefe 17
2.3 Psychoanalyse: Therapie oder Selbsterkenntnis? Beruf oder Berufung? 20
2.4 Wege in die psychoanalytische Ausbildung 24
2.5 Berufswunsch und inneres analytisches Objekt 26
2.6 Wege durch die psychoanalytische Ausbildung: Lernen durch Erfahrung 28
2.7 Die Gruppe der Analytiker:innen: ihre Bedeutung für Berufsweg und psychoanalytische Arbeit 31
2.8 Unbewusstes bewusst machen: unmögliche Aufgabe oder paradoxer Weg? 33
Literatur 37

Zusammenfassung Das 2. Kapitel skizziert den Übergang psychoanalytischer Erfahrung aus der äußeren, sozialen, in die innere, psychische Realität. Neben den theoretischen Rahmenbedingungen der klinischen Arbeit werden hier kurz auch die institutionellen Bedingungen der Ausbildung und späteren Berufstätigkeit vorgestellt. Die Verschränkung von Beruf und Selbsterfahrung wird ebenso problematisiert wie das Verhältnis von Psychotherapie und Psychoanalyse, Oberfläche und Tiefe sowie die individuelle berufliche Entwicklung und ihre Verankerung in der Gruppe der Analytiker:innen.

© Der/die Autor(en), exklusiv lizenziert an Springer-Verlag GmbH, DE, ein Teil von Springer Nature 2025
A. Ebrecht-Laermann, *Wege in die Psychoanalyse*, Psychotherapie: Fort- & Weiterbildung, https://doi.org/10.1007/978-3-662-70523-0_2

2.1 Theorie als Rahmen und Orientierung: Metapsychologie und klinische Psychoanalyse

Abgesehen von Vorformen wie der christlichen Beichte oder der Erfahrungsseelenkunde kann man die Psychoanalyse wohl als erste Psychotherapie und Sigmund Freud (1856–1939) als deren Begründer bezeichnen. Denn im Unterschied zu seinen historischen Vorgängern in Religion und Anthropologie entwickelte er aus der Erkenntnis, dass psychische Krankheiten ihren Ursprung in unbewussten Triebkonflikten haben, eine zusammenhängende Theorie über Struktur und Dynamik der menschlichen Psyche.

Während in den Patient:innenbehandlungen die Theorie eher im Hintergrund bleibt und vordergründig eher selten eine Rolle spielt oder ausdrücklich thematisiert wird, ist für die berufliche Entwicklung eines/einer Analytiker:in zu jedem Zeitpunkt ein fundiertes klinisches wie auch theoretisches Wissen unabdingbar. Es bildet den gedanklichen Rahmen des psychoanalytischen Denkens und Arbeitens. Als Orientierungshilfe im Meer schwieriger Gefühle und Beziehungskonstellationen zwischen Analytiker:in und Patient:in ist dieser Rahmen unabdingbar. Denn er ermöglicht eine Vorstellung davon, um welchen Kontext der persönlichen Entwicklung und um welche psychodynamischen Verstrickungen es in der aktuellen Beziehungssituation gerade gehen könnte.

Der Gesamtkontext des psychoanalytischen Gedankengebäudes setzt sich zusammen aus der sogenannten Metapsychologie, das heißt den theoretischen Grundannahmen über den Aufbau der Persönlichkeit, ihre Entwicklungsdynamiken sowie ihre soziale und kulturelle Einbindung, und der klinischen Theorie, bestehend aus Krankheitslehre (Psychopathologie) und Behandlungstechnik. All diese Bereiche werden verbunden und zusammengefügt von Freuds zentraler Grundannahme, dass die psychische Entwicklung von Trieben gesteuert und aufrechterhalten wird – individuell, kulturell wie auch sozial. Die Triebe stellen für Freud einen Übergang zwischen Somatischem und Psychischem dar und sind dementsprechend von Geburt an aktiv. Sie äußern sich in einem aus dem Körperinneren stammenden konstanten Drang (z. B. Hunger), in einer Dynamik, die sowohl quantitativ als auch qualitativ betrachtet werden kann und die Entwicklung der Triebe vorantreibt. Freud (1915c, S. 215 ff.) zufolge haben die Triebe eine *Quelle* (in unterschiedlichen Körperregionen), ein *Spannungsniveau* (Quantität), ein *Ziel* (Befriedigung) und ein *Objekt* (zunächst Teilobjekte wie beispielsweise die Mutterbrust, später erst den ganzen Menschen, auf den sich das Subjekt bezieht, wie z. B. Partner:in, Familienangehörige oder eben auch den/die Analytiker:in). Sie sind nicht anders erfahrbar als über ihre psychischen Repräsentationen in der inneren Welt der Menschen, als da sind Affekte, Vorstellungen, Wünsche etc. Die sich wandelnde Entwicklungsdynamik der Triebe durchläuft verschiedene Phasen (narzisstisch, oral, anal, ödipal, genital) und strukturiert die menschliche Psyche. Sie begründet auch deren räumliche Struktur, also das, was Freud den psychischen Apparat nennt, bestehend aus den beiden *Topiken*, gegliedert in die Bereiche *unbewusst – vorbewusst – bewusst* und *Es – Ich – Über-Ich*. Eine durch äußere Einflüsse (wie bspw. Traumata) oder innere Konflikte und Fantasien gestörte psychische Entwicklung führt Freud zufolge zu Erkrankungen bzw. Pathologien, die den die psychosoziale Entfaltung und die Glücksmöglichkeiten von Einzelnen wie auch von Gruppen behindern kann.

Dieser kursorischen Darstellung widerspricht die Komplexität der Theorie zwischen Psychogenese, Psychodynamik und Struktur wie auch die Tatsache, dass Freud selbst sein Denkgebäude zeitlebens verändert hat, und dass seine Schüler:innen sowie Nachfolger:innen Teile seiner Erkenntnisse und Behandlungsmethoden aufgegriffen, verändert und weiterentwickelt haben. Auch bleibt hinzuzufügen, dass das Konzept des Unbewussten vor Freud bereits von Philosoph:innen und Biolog:innen aufgestellt worden war. Die genuin neue Erkenntnis, die Freud hinzufügte und die es ihm ermöglichte, neben der Theorie des Unbewussten auch eine Behandlungstechnik zu entwickeln, besteht in der Einsicht, dass es in der Triebentwicklung zu einer Unterscheidung zwischen Bewusstem und Unbewusstem kommt, an deren Entstehung und Aufrechterhaltung Abwehrmechanismen wie Verdrängung, Verleugnung, Spaltung, Projektion, Verkehrung ins Gegenteil, Rationalisierung, Idealisierung etc. beteiligt sind. Freud zufolge entwickeln sich die Triebe in der frühen Kindheit am und mit dem Wechsel der inneren Objekte in Phasen: von der autoerotischen über die orale hin zur analen, ödipalen und genitalen Phase (vgl. Freud 1905d). Die Überzeugung, dass es so etwas gibt wie die Triebe, das Unbewusste und den Ödipuskomplex, bildet seit Freud die Grundlage psychoanalytischer Theorien und therapeutischer Praxis.

Je nachdem, ob sie auf die Objektbeziehungen, auf das Es oder auf die Ich-Entwicklung fokussierte, entwickelte sich die Metapsychologie nach Freud in verschiedene Richtungen. Doch auch wenn die Psychoanalyse gegenwärtig ein sehr heterogenes Erscheinungsbild bietet, so lässt sich doch eine generelle Entwicklungsrichtung erkennen: Denn es kann gezeigt werden, dass sich ihr theoretischer Fokus insgesamt verlagert, hat von der Entdeckung des Unbewussten und der Triebe hin zu deren Sozialisierung über das Ich, das Selbst und die Objekte bzw. die Beziehungen.

So behauptet etwa Melanie Klein (1882–1960) (1946, S. 142), dass „Objektbeziehungen vom Beginn des Lebens an bestehen", und dass sie „durch das Aufeinanderwirken (…) von inneren und äußeren Objekten und Situationen geformt" werden, weil „die Beziehung zum ersten Objekt", der Mutterbrust, „dessen Introjektion und Projektion einschließt". Dadurch spalte sich das erste Objekt, die „für das Kind in eine gute (befriedigende) und böse (versagende) Brust", was wiederum „zu einer scharfen Trennung von Liebe und Haß führe (Klein 1946, S.142). Diese Spaltung bleibe jedoch nicht notwendig bestehen; denn „das erste innere Objekt wirkt als eine Art Kristallisationspunkt im Ich. Es wirkt den Spaltungs- und Verteilungsprozessen entgegen, fördert die Zusammenhängigkeit und Integration und hilft das Ich aufzubauen" (Klein 1946, S. 148). Melanie Klein nimmt also an, dass sich aus dem realen Bezug zu einem primären Objekt (der Mutter) eine innere Vorstellung von diesem Objekt und daraus wiederum das Ich entwickeln.

Rat: Diese und andere Grundzüge psychoanalytischer Metapsychologie sollte jede/jeder im Blick behalten, der/die den Weg in die Psychoanalyse in Angriff nimmt, denn sie bilden einen Rahmen für die Erforschung der jeweils individuellen Thematik der Patient:innen und somit eine Orientierung im Dickicht seiner/ihrer inneren Welt und Konfliktdynamiken.

2.2 Psychotherapie und Psychoanalyse: von der Oberfläche in die Tiefe

„Als Therapie" räumt Freud (1933a [1932], S. 169) scheinbar selbstkritisch ein, sei die Psychoanalyse „eine unter vielen", nicht ohne gleich einzuschränken: „Freilich eine prima inter pares." Freud (1933a [1932], S. 169) Geht man nicht von dem an den Universitäten derzeit vorherrschenden evidenzbasierten objektiven Wissenschaftsbegriff aus, sondern von einem eher subjektiven, in der inneren Erlebniswelt verankerten Verständnis von Wissenschaft, so kann die Psychoanalyse als das umfassendste und tiefgreifendste Verfahren gelten. Von allen anerkannten Verfahren ist die Psychoanalyse zwar das langwierigste, aber auch das intensivste, spannendste und nachhaltigste. Daraus, und aus ihrer besonderen, schwer erlernbaren Behandlungstechnik, ergibt sich ihre Sonderstellung innerhalb des aktuellen Spektrums psychotherapeutischer Methoden.

Generell lässt sich sagen, dass die verschiedenen Therapieformen in unterschiedlichen Schichten der Psyche arbeiten. Während die VT und die TP eher an der der äußeren Realität zugewandten Oberfläche der Konflikte arbeiten, einen bestimmten Fokus im Alltagsleben oder bewussten Erleben von Patient:innen für ihre Arbeit wählen und auf Veränderung durch bewusstes Lernen hoffen, versucht die Psychoanalyse den tieferen Ursachen der Symptome auf den Grund zu gehen, ihre emotionalen Bewegungen und unbewussten Beziehungsdynamiken genau nachzuvollziehen und zu verstehen, um im besten Fall, eine Veränderung der verursachenden Konfliktdynamik und psychischen Struktur zu fördern. Ausgehend von der Oberfläche, den Tagesresten und bewussten Erinnerungen und Gedanken stoßen Analytiker:innen mit ihren Deutungen einen emotionalen Prozess der Regression an, um das in den mitgebrachten bewusstseinsnahen Phänomenen gebundene unbewusste Konfliktpotenzial aus früheren Zeiten und tieferen seelischen Schichten zu erreichen bzw. zu entbinden.

Die VT bleibt demgegenüber eher an der Oberfläche des beobachtbaren Verhaltens und versucht, von hier aus die pathologischen Konflikte bewusst zu beeinflussen. Anknüpfend am Behaviorismus und der Lerntheorie umfasst sie eine Vielzahl von

Verfahren und Methoden, die der Annahme folgen, dass menschliches Verhalten auf erlernten Denk- und Verhaltensmustern beruht (vgl. Bennecke 2016). Diese Muster sollen in der Therapie verändert werden. Entsprechend geht es darum, problematische und unzweckmäßige Verhaltensweisen, Gefühle und Denkmuster zu erkennen und mithilfe von standardisierten Verfahren wie Manualen und Verhaltensübungen zu verändern bzw. in alternative Problemlösungsstrategien umzuwandeln (vgl. Wittchen & Hoyer 2011, S. 460 f.). In der VT-Ausbildung ist anders als in der psychoanalytischen Ausbildung meist nur eine kurze Gruppenselbsterfahrung erforderlich (vgl. Koenen & Martin 2015, S. 51 ff.). Die systemische Theorie geht ebenfalls von einer Oberflächenschicht des Verhaltens und Denkens aus und sieht das Individuum situativ in eine Systemumwelt bestehend aus Familie, Behandler:innen und anderen Institutionen eingebunden (vgl. Wittchen & Hoyer 2011, S. 470; vgl. Schlippe & Schweitzer, 2012). Gruppentherapien wiederum versuchen die bewussten und unbewussten Problemdynamiken durch die Interaktionen in einer Gruppe manifest und bearbeitbar zu machen.

Eine niederfrequente TP fokussiert meist auf die aktuellen Konflikte, in die diese alten Gefühle eingebunden sind bzw. in denen sie wieder auftauchen. Sie arbeitet gleichsam an der bewussten Oberflächenstruktur der Konflikte, wenn auch stets im Blick auf die unbewussten Dynamiken und Konflikte. Anders als die Analyse ist es jedoch nicht ihre Absicht, die unbewussten Dynamiken zu entbinden und die frühen inneren Beziehungsstrukturen genauer zu ergründen Sie versucht vielmehr, die unbewussten Dynamiken in ihren Einbindungen in manifestes Material strukturell zu entschlüsseln und im Hinblick auf aktuelle zentrale Konflikte im persönlichen und beruflichen Leben zu verstehen. AP und Psychoanalyse hingegen widmen sich der langen und tiefen Bearbeitung unbewusster Konfliktdynamiken.

Grundsätzlich lässt sich die Psychoanalyse mit Zwiebel (2013, S. 247) als endbindende von den anderen Therapieformen als bindenden Methoden unterscheiden: „Hier wird also der entscheidende Unterschied zwischen Psychoanalyse und anderen Formen der

2.2 Psychotherapie und Psychoanalyse: von der Oberfläche …

Psychotherapie in der EntBindung und Bindung (im Sinne einer ‚Selbstvergeschichtlichung', der Entwicklung eines kohärenteren, narrativen Selbst, der Selbsterhaltung etc.) gesehen." Da die psychoanalytische Beziehung sich wie ein Brennglas auf die frühkindlichen Beziehungserfahrungen und inneren Objektbeziehungen richtet, ruft sie frühe Erinnerungen, unterdrückte Affekte und abgewehrte Beziehungskonflikte wieder hervor.

Patient:innen müssen sich bei der Wahl der Therapieform also entscheiden, ob sie lieber an der Oberfläche von Wahrnehmung und Bewusstsein bleiben oder tiefer in das eigene Unbewusste hinabsteigen wollen und, wenn ja, wie tief. Je nachdem, ob man/frau auf der bewussten Ebene bleiben und vielleicht ein spezifisches Verhalten (etwa eine Flugangst) kurzfristig rasch etwas verändern oder einen realen Alltags- bzw. Beziehungskonflikt bewältigen möchte, oder aber ob man/frau durch eine grundlegende Bearbeitung der unbewussten Dynamiken und Persönlichkeitsstrukturen die den Symptomen zugrunde liegenden Prozesse nachhaltig bearbeiten und verändern möchte, wird er/sie sich zwischen einer VT bzw. einer ST, einer TP, einer AP oder einer Psychoanalyse entscheiden. Dasselbe gilt für alle, die darüber nachdenken, eine therapeutische Ausbildung zu beginnen bzw. erst einmal, sich dafür zu bewerben.

Fallbeispiel: Ein Patient, der vor einigen Jahren im Rahmen einer Beförderung bei der Arbeit wegen einer Flugangst eine VT gemacht hatte, in deren Folge die Symptome kurzzeitig abgeklungen waren, stellte sich in meiner Sprechstunde vor, weil er fürchtete, aufgrund heftiger sozialer Ängste seinen Beruf nicht mehr ausüben zu können. Es stellte sich heraus, dass diese Ängste einsetzten, als er dabei war, sich beruflich selbstständig zu machen. Da er keine Vorstellung hatte, wovor er genau Angst hatte und woran diese Ängste liegen könnten, begab er sich nun in psychoanalytische Behandlung, in deren Verlauf es mehrfach erneut zu situativen Verschiebungen der ihn sozial behindernden Ängste kam, bis sie schließlich verschwanden. Deutlich wurde seine zentrale Angst, mit dem Selbstständigwerden den Halt in sich und seinen Beziehungen zu verlieren, so wie er als Kind den Übergang von der Bindung an eine überfürsorgliche, entwertete Mutter zum leistungsorientierten und idealisierten Vater nicht hatte bewältigen können.

2.3 Psychoanalyse: Therapie oder Selbsterkenntnis? Beruf oder Berufung?

Jede Psychoanalyse ist eine höchstpersönliche Angelegenheit und zugleich eine diffizile Technik, die man mit Beharrlichkeit und Geduld erfahren und verinnerlichen muss, um sie anwenden zu können – sei es als Analytiker:in oder als Patient:in. Die besondere Stellung der Psychoanalyse im Spektrum ärztlicher Behandlungstechniken ergibt sich aus dem mit ihr verbundenen Besonderen und Erkenntnisanspruch im Hinblick auf die schwierige Erkundung der inneren Welt und des Unbewussten. Um diesem Anspruch gerecht werden zu können, lehnte Freud (1919a, S. 460) es auch ab, das „reine Gold der Analyse" mit dem „Kupfer der direkten Suggestion" zu legieren. In der Analyse, so lässt sich daraus schließen, sollte analysiert werden, und zwar nur analysiert, nichts sonst. Aber was heißt das? Im Unterschied etwa zu den therapeutischen Verfahren, die äußerliche Methoden der Einflussnahme auf die Patient:innen verwenden, steht im Fokus der psychoanalytischen Methode eine spezifische Art der gedanklichen Auseinandersetzung mit dem eigenen Unbewussten und eine besondere Weise des emotionalen Erkenntnisgewinns. Dementsprechend beansprucht Psychoanalyse nach wie vor sowohl eine psychotherapeutische Behandlungstechnik als auch eine Forschungsmethode zu sein, entsprechend dem freudschen Junktim der Einheit von „Forschen und Heilen" (Freud 1927a, S. 293). Sie folgt der Maxime: Erkenntnis heilt und Heilung bringt Erkenntnis.

Gerade im Blick auf Ansätze, die sich am beobachtbaren Verhalten und bewussten Denken orientieren, kann man behaupten, dass Psychoanalyse eine Wissenschaft vom Subjekt ist, die den Anspruch auf praktische Gültigkeit des inneren Erlebens und der Dynamik des Unbewussten erhebt. Ihre objektive Geltung erweist sich weniger in der evidenzbasierten Forschung als vielmehr in der Wirksamkeit der klinischen Arbeit. Psychoanalytisches Denken ist ein zutiefst subjektverhaftetes, spezifisch „klinisches Denken", das „nicht auf andere Denkweisen reduziert werden kann, die mehr mit Wissenschaft verknüpft sind" (Green 2004, S. 35), sondern als assoziatives Denken einer eigenen, spezifischen Logik folgt. Überdies ist sie eine Methode, welche die Erkenntnis von anderen Menschen mit Selbsterkenntnis verbindet. Das wird umso deutlicher, als man sich klarmacht, dass das Werkzeug der Behandlungstechnik die eigene Seele bzw. Psyche ist. Wie man sie ausübt, kann man nur an und bei sich selbst lernen.

Da es in der Psychoanalyse wesentlich um die Auseinandersetzung mit dem eigenen Unbewussten geht, das entdeckt und aufgedeckt werden soll, liegt es nahe, dass Freud sie „wegen ihres Wahrheitsgehalts" schätzte, „wegen der Aufschlüsse, die sie uns gibt über das, was dem Menschen am nächsten geht, sein eigenes Wesen, und wegen der Zusammenhänge, die sie zwischen den verschiedensten seiner Betätigungen aufdeckt." (Freud 1933a [1932], S. 169). In gewisser Weise kann man Psychoanalyse also auch als Suche nach der eigenen Wahrheit verstehen. Doch bleibt zunächst festzustellen, dass Wahrheit hier nicht im Sinne einer bewussten, absichtsvollen Aussage gemeint sein kann, sondern als Annäherung an die je eigene, unbewusste Wahrheit (vgl. Beland 2008, S. 109 ff.). Und da fängt das Problem schon an: Gibt es im Unbewussten überhaupt so etwas wie *eine* Wahrheit? Oder ist sie entsprechend dessen chaotischer und widersprüchlicher Verfasstheit nicht vielmehr vielschichtig und in sich widersprüchlich? Ihr umfassender Wahrheitsanspruch hat der Psychoanalyse auch viel Kritik eingebracht. Er ist wohl nur einzulösen, wenn man ihn nicht nur als Selbstidealisierung, sondern auch als Selbstkritik versteht.

Psychoanalyse bleibt m. E. also stets mit einer (selbst-)kritischen Erkenntnishaltung verbunden, der es mindestens um eine Annäherung an die eigenen Wahrheiten geht. Und das gelingt nur dadurch, dass jemand, der sich in Psychoanalyse begibt, selbst infrage stellt und nicht dadurch, dass er sich *nicht* infrage stellt. Das gilt nicht nur für Patienten, sondern gerade auch für Therapeuten. Keine andere Therapieform „legt so viel Wert auf die Selbstreflexion des Therapeuten" (Bauriedel 1997, S. 41). Das Entscheidende der Berufstätigkeit liegt also darin, dass man/frau stets als *ganze* Person in die Arbeit einbezogen bleibt, mit dem eigenen Denken, Fühlen und Handeln. Dieser umfassende Bezug auf die eigene innere Welt macht die analytisch-therapeutische Tätigkeit zu etwas sehr Erfüllendem, das aber stets auch schwierig und prekär bleibt. Denn dort, wo die Suche nach Wahrheit im Zentrum steht, sind Irrtum und Scheitern nicht weit. Gemeint ist hier nicht jenes partielle Scheitern, jene Ängste und Irrtümer, die zur psychoanalytisch-psychotherapeutischen Arbeit notwendig dazugehören und nach Art einer „phobischen Position" (Zwiebel 2007, S. 202 ff.) durchgearbeitet werden sollten. Gemeint ist ein Scheitern, das die therapeutische Beziehung unwiederbringlich zerstört und damit auch die Identität der Therapeut:innen angreift, und zwar die berufliche wie auch die persönliche.

Wo die ganze Person in die Arbeit mit einbezogen ist, kann das Scheitern persönlich katastrophische Folgen haben: Scheitern bedeutet dann meist, dass etwas Destruktives nicht gehalten und ein festgefahrener Konflikt nicht verändert werden kann. Und das verweist auf einen weiteren wichtigen Aspekt der psychoanalytischen Tätigkeit: Neben der Erkenntnisfunktion des analytischen Verstehens und des Bewusstmachens von Unbewusstem besteht ein Großteil der Arbeit darin, schwierige Gefühle zu halten und auszuhalten. Viele berühmte Psychoanalytiker:innen haben sich um das Verständnis dieser wichtigen Funktion bemüht: Donald W. Winnicott (1896–1971) (1965, S. 211 f.) bezeichnet sie als *Holding* und Wilfred Bion (1897–1979) (1992, S. 146) als *Containment*, als eine quasi mütterliche Funktion in der Arbeit der Analytiker:innen. Beide gehen davon aus, dass eine Hauptaufgabe der Analytiker:in darin besteht, die schwierigen, ja unerträglichen Gefühle der Patient:innen in sich aufzunehmen, auszuhalten und zu verarbeiten. Und beide führten sie auf die emotionale Arbeit zurück, die eine Mutter in der ganz frühen Zeit in der Beziehung zu ihrem Säugling zu leisten hat.

Ähnlich wie die Mutter in der Beziehung zu ihrem Säugling arbeiten die Psychoanalytiker:innen im Wesentlichen mit den Mitteln der eigenen inneren Welt. Das heißt jedoch nicht, sich und die eigenen Gefühle in den Mittelpunkt zu stellen, sondern sie im Gegenteil zurückhalten und für die Erforschung des Unbewussten der Patient:innen verwenden zu können. Es ist eine der zentralen Aufgaben von *jedem/jeder* Psychoanalytiker:in, mit diesen Gefühlen zu arbeiten *und* den Patient:innen dadurch zu helfen, ihre Gefühle besser zu bewältigen. Psychoanalytiker:innen versuchen zusätzlich noch, die in ihnen verborgenen unbewussten Fantasien und Dynamiken zu entschlüsseln und auf signifikante frühe Kindheitssituationen zurückzuführen. Ein Mittel dieser Erkenntnisfunktion sind die in ihnen selbst durch die Patient:innen an- und aufgerührten schwierigen Gefühle und Konflikte. Paradoxerweise besteht die Kunst der therapeutischen Berufsausübung also darin, sich selbst gut genug kennengelernt zu haben, um die eigene Psychodynamik als Erkenntnisinstrument nutzen zu können. Dabei gilt es, möglichst weitgehend von sich absehen und vorwiegend die andere Person in den Blick bekommen zu können. Das jedoch ist eine schwere Aufgabe. Denn wo beginnt das eigene Selbst, wo das des/der anderen?

Eigene Überzeugungen, Gefühle, Wünsche und Konflikte gar nicht oder möglichst wenig mit den Überzeugungen, Gefühlen, Wünschen und Konflikten zu vermischen, die von den Patient:innen an einen herangetragen werden, gelingt nur mit einer guten Ausbildung im Rücken. Wir haben es hier mit einem Beruf zu tun, der neben der Bereitschaft zur emotionalen Selbsterfahrung auch ein hohes Maß an Können und Einfühlungsvermögen erfordert, der zwar das eigene Auskommen und die Existenz sichert, aber zugleich auch hohe Anforderungen stellt an die Bereitschaft zum persönlichen, zeitlichen, finanziellen, theoretischen und auch emotionalen Engagement, auch über äußere und innere Grenzen hinaus.

Nach einer langen und kostspieligen Ausbildung folgt ein Leben in und mit einem so anstrengenden wie erfüllenden Beruf, der psychisch wie sozial viel Freiheit und Gestaltungsspielraum ermöglicht und doch zugleich ein hohes Maß an Verbindlichkeit in der Arbeit mit den Patient:innen und Kolleg:innen erfordert Zwar bringt er als Beruf Geld ein und sichert so die Existenzt, aber durch die Anforderung zu permanenter Weiterentwicklung und zum ehrenamtlichen Engagement für die Aufrechterhaltung der Ausbildung und des kollegialen Institutslebens ist weiterhin ein hoher finanziellern und persönlicher Einsatz erforderlich. Man kann daher wohl zu Recht behaupten, dass psychoanalytische Tätigkeit mehr ist als eine berufliche Tätigkeit „zum Erwerb des privaten Lebensunterhalts", nämlich eine „Berufung" Hardt (2013 S. 84 ff.) und eine emotional vertiefte Erkenntnishaltung.

Rat: Wenn Sie darüber nachdenken, den Beruf Psychotherapeut:in oder Psychoanalytiker:in zu ergreifen oder sich selbst in Psychotherapie oder Psychoanalyse zu begeben, oder aber wenn Sie jemanden diesbezüglich beraten wollen, sollten Sie genau überlegen, was das für den/die Betroffene:n nicht nur im äußeren Leben heißt, also etwa zeitlich und finanziell, sondern auch, was es persönlich und im inneren Raum bedeuten könnte, also etwa lebensgeschichtlich und emotional. Und bedenken Sie, dass der finanzielle Aufwand dafür durch einen ideellen Gewinn ausgeglichen werden könnte.

2.4 Wege in die psychoanalytische Ausbildung

„Analytiker zu sein ist ein schöner und ein schwieriger Beruf" (Hardtmann 1997, S. 92). Die enge Verbindung von Persönlichem und Beruflichem, Intimität und Distanziertheit, Beziehung und Einsamkeit, Emotionalität und Reflektiertheit, Innerem und Äußerem macht diese Art der psychotherapeutischen Arbeit zu etwas Schwierigem, aber zugleich auch Faszinierendem und Erfüllendem. Einerseits ist man sehr eng mit anderen Menschen in Kontakt und verbunden, andererseits ist man aber auch sehr auf sich gestellt und allein mit dem, was man von den Patient:innen erfährt und aufnimmt.

Psychotherapeutische Arbeit macht in gewisser Hinsicht einsam: Schon allein die Schweigepflicht gebietet es, nur mit wenigen Menschen (Kolleg:innen) über die eigene Arbeit zu sprechen. Doch darüber hinaus müssen sich Patient:innen und Therapeut:innen getrennt und manchmal auch voneinander isoliert fühlen können, weil es bei vielen Erkrankungen ganz grundlegend um Probleme von Ungetrenntheit und Differenzierung geht. Dementsprechend mahnt Bion (1963, S. 45): „Weder Analytiker noch Analysand dürfen zu irgendeinem Zeitpunkt das Gefühl der Isolierung in der intimen Beziehung der Analyse verlieren." Denn wenn das Gefühl der Isolierung verloren geht, kann es zu psychotischen Entgleisungen und/oder zu Grenzverletzungen kommen. Psychotische Entgleisung bedeutet, dass die inneren Grenzen zwischen Ich und anderem, innerer und äußerer Welt verschwimmen und die Zuordnung von destruktiven Impulsen sowie Ängsten nicht mehr gelingt, so dass auch die Wahrnehmung des Ich und der Objekte nicht mehr realitätsgerecht funktionieren kann. Da es auf diese Weise zu bizarren Vorstellungen, unangemessenen Affekten und unverständlichen Wortungetümen kommt, die sich nicht mehr der normalen Form sozialer Kommunikation und Interaktion einfügen, entspricht dem Gefühl der Ungetrenntheit eines der absoluten Einsamkeit. Ungetrenntheit wie Einsamkeit – beides macht unsicher. Und ein wesentlicher Teil der Arbeit besteht darin, Unsicherheit, Unklarheit und Nichtwissen aushalten und ergründen zu können.

Psychoanalytiker:innen sind stets und ständig damit beschäftigt, sich zu hinterfragen und die Repräsentanz der Patient:innen in sich zu reflektieren, sich einerseits von ihnen abzugrenzen, sich aber andererseits auch mit ihnen in Beziehung zu setzen. So wird wohl plausibel, dass zum Erlernen wie auch zur Ausübung dieses Berufes neben der von Freud geforderten Eigenanalyse eine große Eigenmotivation unerlässlich ist. Wer den Beruf Psychoanalytiker:in ergreifen möchte, sollte also vor allem einen starken Wunsch danach verspüren, sich intensiven emotionalen Erfahrungen auszusetzen. Das ist paradox, weil für die Ausübung des Berufs eine gewisse Wunschfreiheit bzw. eine Fähigkeit, vom Wünschen abzusehen, erforderlich ist. Bion (1967, S. 22 f.) brachte dies auf die Formel *no memory, no desire* und meinte damit die notwendig offene und unbelastete Einstellung des Therapeuten zu jeder neuen Stunde. Auch am Anfang der Ausbildung oder gar noch vorher bei der Berufswahl begegnen einem diese Anforderung des wunschlosen Wünschens, das einen von der eigenen Geschichte und dem bisherigen Leben trennt bzw. freisetzt.

Am Anfang der Ausbildung steht die Bewerbung an einem der Ausbildungsinstitute. Meist ist dafür ein persönlicher Lebenslauf erforderlich, der zu erkennen gibt, dass der/die Bewerber:in bereits ein emotionales wie auch kognitives Verständnis von der eigenen psychischen Problematik besitzt oder aber zumindest bereit und in der Lage ist, es zu erwerben. Bei den meist 3 ca. 50-minütigen Bewerbungsinterviews wird dann in der Regel auch gefragt, warum man/frau diesen Beruf ergreifen möchte. Doch eine Antwort auf diese Frage ist notwendigerweise meist schwierig. Der Berufswunsch muss zwar stark und nachdrücklich sein (wegen der damit verbundenen Gefahr von Enttäuschung und

Kränkung würde wohl kaum jemand das Wagnis einer solchen Bewerbung eingehen), er ist aber zunächst auch notwendigerweise schemenhaft, unklar und undefiniert. Denn in den seltensten Fällen weiß man/frau am Anfang dieses beruflichen Weges, was genau gewünscht wird und wohin es führt. Wenn der Berufswunsch nicht aus einer eigenen therapeutischen Analyse entstanden ist, kann eigentlich niemand bei der Bewerbung genau wissen, was ihn/sie erwartet, was die vermeintlich erwünschte Arbeit nachher wirklich bedeutet. Dann erhält der Berufswunsch erst später während der Ausbildung (und insbesondere in der Lehranalyse) seine Konturen, sodass sich wohl behaupten lässt, dass erst gegen Ende der analytischen Ausbildung ungefähr klar ist, was jemand sich da überhaupt gewünscht hat und warum. Denn wie für alle Wünsche gibt es auch für den Berufswunsch nicht nur bewusste, sondern auch unbewusste Motive und die klären sich ja erst im Laufe der psychoanalytischen Selbsterfahrung. Doch trotz aller Unklarheit muss, wer eine solche Ausbildung macht, sie nachdrücklich wünschen, muss sie idealisieren und mitunter auch heftig entwerten.

2.5 Berufswunsch und inneres analytisches Objekt

In jedem Fall sollte der Berufswunsch stark genug sein, um viele äußere wie innere Widrigkeiten und Gefahren zu überstehen. Im Laufe der Ausbildung wird er zu einer Art innerer Institution, deren symbolische Funktion es ist, die erwartbaren zerstörerischen Attacken (von Kolleg:innen, Patient:innen, Freund:innen und Familienmitgliedern) auf den persönlichen Weg und das geliebte oder idealisierte Wunschobjekt namens *Analyse* abzufangen und zu überwinden. Im Sinne von Winnicott (1970, S. 290) sollte das ersehnte Objekt der Überzeugung entsprechen, dass es die destruktiven Angriffe überleben kann und dass der Beruf dafür hinreichend Gutes für die Wünschenden bereithält.

2.5 Berufswunsch und inneres analytisches Objekt

Auf diese Weise entwickelt jede/jeder während der Ausbildung ein ganz eigenes Verhältnis zu so etwas wie einem inneren psychoanalytischen Liebes- und Erkenntnisobjekt namens Psychoanalyse, ein zutiefst persönliches Verhältnis, das sich von dem aller anderen Kolleg:innen unterscheidet. Im Idealfall ist es nicht oder nur passager zu zerstören und bildet eine hinreichend feste Grundlage für die schwierige berufliche Tätigkeit, in der es ja auch oft darum geht, den vielen und heftigen destruktiven Kräften im Behandlungsraum standzuhalten.

Diese Standfestigkeit ist nötig, weil die Ausbildung unter schwierigen äußeren Bedingungen stattfindet, weil sie teuer ist, lange dauert und eben auch die Gefahr des Scheiterns und damit der Kränkung oder gar einer tiefen, psychischen oder gar existenziellen Beschädigung in sich trägt. Standfestigkeit und Überzeugtheit vom eingeschlagenen Weg sind aber auch deshalb wichtig, weil die eigenen inneren destruktiven Kräfte Wunsch und Weg immer wieder bewusst oder unbewusst angreifen. Wo Überzeugung gefragt ist, ist Zweifel nicht weit. Es wäre eine falsche Idealisierung, würde jemand eine derart aufwendige, entbehrungsreiche und schwierige Ausbildung ohne Zweifel durchlaufen: Zweifel am Verfahren, Zweifel an sich selbst, an den Lehrenden, und mitunter auch an den Patient:innen gehören mit zum Weg der psychoanalytischen Ausbildung. Doch die Ausbildung und insbesondere die Lehranalyse hilft dabei, die äußeren Probleme und inneren Konflikte zu verstehen und so auch mehr Freiheit im Handeln zu gewinnen.

Wer den analytischen Prozess mit allen seinen Höhen und Tiefen durchschritten hat, wird in der Regel reich belohnt: Er/sie hat einen interessanten und abwechslungsreichen Beruf erworben, der einen nicht nur materiell, sondern auch ideell, psychisch und sozial lebendig und am Leben erhält. Dabei erweist sich dann die Überzeugung, durch die Aus- bzw. Weiterbildung etwas Gutes und Hilfreiches erhalten zu haben, als Instanz, die dem Berufswunsch Stabilität und Dauer verleiht: So, wie ich trotz aller Hindernisse und Unbilden Psychoanalytikerin werden wollte, möchte ich es auch bleiben, auch angesichts der alltäglichen Angriffe und Widrigkeiten. Um diese Überzeugung innerlich halten zu können, braucht es jedoch eine dauerhafte Orientierung an der Psychoanalyse als gutem innerem Objekt (vgl. Wille 2008), die mit dem Glauben an etwas Gutes und Erstrebenswertes an Vorstellungen und Fantasien über unsere frühkindlichen Liebesobjekte anknüpft, die wir schützen und erhalten möchten. Genauer gesagt geht es um einen Vorstellungskomplex, der besagt: Ich bin davon überzeugt, dass die äußere Welt etwas Wertvolles für mich bereithält, das ich mir erschließen kann, wenn ich aktiv werde und an meinem Wunsch, es zu finden und zu erhalten, festhalte.

2.6 Wege durch die psychoanalytische Ausbildung: Lernen durch Erfahrung

Wer eine Ausbildung zum/zur Psychotherapeut:in absolviert, muss schon rein formal eine gewisse Stundenzahl an Selbsterfahrung, Behandlung und Supervision nachweisen; so jedenfalls sehen es das PsychThG wie auch die Ausbildungsrichtlinien der unterschiedlichen Fachgesellschaften vor (vgl. PsychThG; vgl. die Websites der DPV und der DPG). Doch das ist nur die eine Seite der Medaille, die äußerliche, einfache und billige. Die andere ist schwieriger und wertvoller: Wer Psychoanalytiker:in werden will, muss sich auf eine lange, meist hochfrequente Eigenanalyse einlassen, die mit dem Abschluss der Ausbildung zwar aufhört, aber nicht endet, sondern die auch anschließend noch als seelische Tätigkeit die Grundlage der Berufsausübung darstellt. In der Regel weichen daher die Anforderungen der Ausbildung durch die Fachgesellschaften in Dauer und Intensität von den Vorgaben der staatlich geregelten PsychThG-Weiterbildung ab, die an sogenannten Weiterbildungsstätten durchgeführt werden soll. Der eigentliche Teil der psychoanalytischen Ausbildung geschieht traditionell an einem außeruniversitären Ausbildungsinstitut, in dem die berufliche Ausübung der Psychoanalyse im Kreis mehr oder weniger erfahrener Kolleg:innen tradiert, eingeübt und aufrechterhalten wird.

In vielen Instituten (insbesondere der DPV und DPG) wird inzwischen nach der Maxime ausgebildet: Jeder/jede Ausbildungskandidat:in erhält eine besondere Ausbildung, nach den je eigenen Bedürfnissen, äußeren Voraussetzungen und inneren Erfordernissen. Daher gibt es trotz aller Regelungen und Normierungsversuche

2.6 Wege durch die psychoanalytische Ausbildung: Lernen …

eigentlich nicht *den/die Psychoanalytiker:in* als ein fest gefügtes, einheitliches Berufsbild mit einer klar definierten Tätigkeit. Sondern jede/jeder, die/der sich entschließt, diesen Beruf zu erlernen und auszuüben, prägt ihn mit dem, was sie/er persönlich mitbringt, sowie mit der eigenen beruflichen und vor allem inneren Entwicklung im Kontext der psychoanalytisch-psychotherapeutischen Ausbildung. Neben allem Reglement hat also jede/jeder Kandidat:in die Aufgabe und die Möglichkeit, sich aus der Fülle der Theorien und Selbsterfahrungs- sowie Supervisionsangebote die Mischung zusammenzustellen, die ihm/ihr ermöglicht, eine eigene, individuell passende berufliche Identität herauszubilden.

Zum Wesen dieser Berufstätigkeit gehört folglich auch, dass sie nicht pädagogisch aufbereitet und gelehrt werden kann, sondern dass jede/jeder sie an und in sich selbst erfahren haben muss, um sie ausüben zu können. In der Tat ist wohl die Ausbildung in kaum einem anderen Beruf derart eng an peröhnliche Beziehung zu anderen Menschen gebunden und damit auch an die „Generationenfolge" bis hin zum Gründungsvater Freud wie in der Psychoanalyse (Pollak 1999, S. 286). Auf der Couch wird Psychoanalyse gelernt und über die Couch wird sie von einer Generation zur nächsten weitervermittelt. Und da die eigene Analyse traditionell bei einem/einer eigens dafür autorisierten Lehranalytiker:in, einem erfahrenen Mitglied eines Ausbildungsinstituts stattfindet, der/die seinerseits/ihrerseits bei einem solchen Mitglied auf der Couch war, ist die Wahl des Ausbildungsinstitutes von großer Wichtigkeit.

In der Tat ist die Rolle der Lehranalytiker:innen in der Ausbildung eine ganz besondere, wie die folgende Beschreibung von Hermann Beland (2007, S. 28 f.) zeigt: „Wie lernt man Psychoanalyse? Diese Frage ist nicht so einfach zu beantworten. Sie wird vermutlich auch sehr verschieden beantwortet, abhängig vom Institut und seinen Traditionen, vom Land und von der psychoanalytischen Epoche, in der man die Weisheit mit Löffeln oder nur körnchenweise gefüttert bekommt. Am schwierigsten ist der Erwerb der psychoanalytischen Erkenntnishaltung. Glücklich der Kandidat, der am Vorbild lernen kann, denn hier läuft aller Gewinn über das Vorbildlernen. Theoretisches lässt sich noch am leichtesten lehren und lernen, man braucht dafür nur gescheite

Lehrer. Aber auch das ist zweifelhaft, denn das psychoanalytische Wissen wächst und ändert sich mit der Zeit und unterliegt der strengen Herrschaft der ungelösten Fragen und ihrer Anerkennung. Wenn die Gescheitheit der Lehrer nicht von der Unruhe des Nichtwissens, das Noch-nicht-Wissens und der ungelösten Fragen bestimmt ist, wird ein falsch abgeschlossenes System als Wissenschaft der Psychoanalyse ausgegeben und in das bestehende allgemeine Wissen integriert. Das kann sehr loyal gemeint und philosophisch sehr durchdacht sein und ist doch schon überholt, wenn es laut wird. Derartiges Wissen stagniert und wird schon deshalb halb wahr."

Die von Beland (2007) hier hervorgehobene Fähigkeit, Nichtwissen zu ertragen, gehört mit zu den wichtigsten Fähigkeiten, die im Laufe der Aus- oder Weiterbildung langsam und mühevoll durch Identifikationen unterschiedlichster Art erworben werden sollten. Am Ende des Wegs hat man/frau dann hoffentlich mithilfe des Instituts und der psychoanalytischen Lehrer:innen so etwas erworben wie eine analytische Identität als eine „besondere Verknüpfung von *Person* und *Berufstätigkeit*" (Pollak 1999, S. 1270) mit der entsprechenden Haltung zu der Tätigkeit, die es einem ermöglicht, diesen so schwierigen wie bereichernden Beruf selbstständig auszuüben. Getragen wird die Selbstständigkeit in der Berufsausübung von der „Haltung" oder „Identität" (Hardt 2013, S. 83; vgl. Kutter et al. 1988), die jemand im Laufe der Ausbildung verinnerlicht hat. Doch weder sind analytische Haltung und Identität fest umschriebene Inhalte und Strukturen, die frau/man zu Beginn des analytischen (Berufs-)Wegs als klares Ziel fest ins Visier nehmen könnte. Noch sind sie feste, dingliche Besitztümer, die man nach Abschluss des Ausbildungs- bzw. Analyseweges wie ein Buch ins Regal stellen kann. Vielmehr handelt es sich um emotionale Sinnzusammenhänge, also um etwas, was sich ständig verändert, immer wieder neu erworben und gepflegt werden muss, um eine spezifische Art des Denkens und Erkennens.

Der Erwerb dieser psychoanalytischen Denk- und Erkenntnismethode ist langwierig und schwierig und auf keinen Fall allein und in Isolation, sondern nur in der Gruppe möglich. Es geht dabei gerade nicht darum, Rezepte und deren Anwendung zu lernen, sondern darum, in sich die Offenheit und Möglichkeit für die Entstehung von Neuem und Besonderem zu schaffen.

2.7 Die Gruppe der Analytiker:innen: ihre Bedeutung für Berufsweg und psychoanalytische Arbeit

Die analytische Haltung und das analytische Denken müssen von jedem/jeder Einzelnen immer wieder von Neuem errungen und ausbalanciert werden (vgl. Löchel 2013). Erfahren, entwickelt und internalisiert werden sie in der Gemeinschaft der Therapeut:innen und Analytiker:innen. Es ist dies eine Gemeinschaft, die sich an den Mitglieder- und Ausbildungs- bzw. Weiterbildungsinstituten bildet, zusammenfindet und erhält. Während der Ausbildung nimmt der/die Kandidat:in zunehmend mehr Teil an der gemeinsam assoziierenden Gruppe der Analytiker:innen wie auch an deren klinisch-therapeutischer Arbeit und erfährt dabei ihre Prinzipien und Dynamiken. Dazu gehört vor allem auch die Einübung ins psychoanalytische Denken, das sich durch seine assoziativen Verbindungen auf unbewusste Dynamiken zu beziehen sucht und sich damit wesentlich von dem begriffsorientierten wissenschaftlichen Denken unterscheidet, wie es an Universitäten und anderen wissenschaftlichen Institutionen gelehrt und praktiziert wird.

Das Ziel der psychoanalytischen Ausbildung besteht nicht nur darin, den Beruf selbstständig in eigener Praxis ausüben zu können, sondern eben auch darin, in die Gruppe der Analytiker:innen am Heimatinstitut aufgenommen zu werden. Im Unterschied zu Schulen, Universitäten und anderen Bildungseinrichtungen, aus denen man/frau nach dem Abschluss entlassen wird, ist das Bestreben psychoanalytischer Institute darauf gerichtet, sich *in* sie hinein zu entwickeln und nicht etwa *aus* der Institution heraus. Der Wert dieser Regelung erschließt sich, wenn die Wichtigkeit der Gruppe deutlich wird, der Gruppe der Analytiker:innen, die stets und ständig miteinander sprechen, die gemeinsam analytisch fühlen und denken. Die Mittel der Erkenntnis- und Gemeinschaftsbildung sind immer die gleichen: Die Gruppe der Analytiker:innen versammelt sich in einem Raum in gleichschwebender Aufmerksamkeit und es öffnet sich ein Denk- und Assoziationsraum, in dem jede/jeder sagen kann, was ihm oder ihr in den Kopf kommt. In dieser gemeinsamen assoziativen Denkbewegung versuchen die Gruppenmitglieder zu erfassen, was bei Patient:innen und ihrer Beziehung zu Analytiker:innen der Fall ist. Aus ihr entsteht ein komplexes dynamisches Bild, das in weiteren Diskussionen stetig angereichert und verändert werden kann.

Im intensiven gemeinsamen Assoziieren und Fühlen wird versucht, für individuelle Patient:innen eine gesonderte Theorie und Behandlungsmöglichkeit bzw. -technik wie auch eine eigene Sprechweise zu schaffen, um Patient:innen in ihrer Besonderheit zu verstehen und Behandelnden dadurch emotional wie auch konzeptuell beizustehen. Angefangen vom Anamneseseminar über die kasuistisch-technischen Seminare über die Diskussion der Abschlussarbeiten bzw. Kolloquiumsberichte oder die Vorstellung von Patient:innen in Supervisions- und Intervisionsgruppen, auf Tagungen und Kongressen, in der DPV, DPG, EPF und IPA wird überall ähnlich gearbeitet. Auf diese Weise wird für die doch recht vereinzelte psychotherapeutische Tätigkeit ein haltender klinischer Rahmen geschaffen, der es ermöglicht, schwierige Gefühle und Gedanken zuzulassen, zu thematisieren und so durchzuarbeiten, dass ihre zuvor unbewussten Anteile bewusst werden können.

Psychoanalytische Gruppen sind einerseits generativ, andererseits intergenerativ organisiert: generativ, insofern als jeder/jede sich ab Beginn der Ausbildung zunächst und für die Dauer des Berufslebens innerhalb der eigenen Ausbildungsgeneration situiert; intergenerativ, insofern als sie unter Umständen Mitglieder ganz verschiedener Altersgruppen in sich vereinen. Während der Ausbildung ist die Gruppe der eigenen Ausbildungsgeneration wichtig, um Orientierung und Halt in der Institution und im analytischen Denken zu finden. Nach der Ausbildung organisiert man/frau sich in der Regel in den der eigenen Ausbildungsgeneration entstammenden Intervisionsgruppen. In ihnen findet man/frau im Idealfall während der gesamten Zeit der Berufstätigkeit Halt und Unterstützung sowohl für die eigene klinische Arbeit als auch für die ehrenamtlichen bzw. berufspolitischen Tätigkeiten in der gesamten Institutsgruppe. Wenn es gut geht, entwickelt jede Gruppe ihren eigenen Stil psychoanalytischen Denkens und Arbeitens, der über die Jahre hinweg verfeinert und ausgebaut wird.

Rat: Wenn Sie eine Psychoanalyse, eine Psychotherapie oder eine therapeutische Aus- bzw. Weiterbildung anstreben, überlegen Sie gründlich, wo Sie diese machen möchten. Dazu gehört, sich die Menschen, mit denen Sie es zu tun bekommen werden, persönlich anzuschauen, um einen Eindruck zu gewinnen, welche Haltungen und Traditionen sie repräsentieren und in welchem institutionellen Rahmen sie ihre Arbeit durchführen. Ob man/frau den Beruf gern und lange ausübt, hängt wesentlich von der für eine/einen selbst passenden Wahl der Fachgesellschaft und des Ausbildungsinstituts ab. Insbesondere die Selbsterfahrung, aber auch die Verankerung am Institut sind entscheidend für Haltungen, Orientierungen und Identifizierungen, die die therapeutische Arbeit später prägen. Hat die Ausbildung erst einmal begonnen, ist es äußerst schwierig, zu wechseln, und ein Wechsel ist meist mit persönlichen Krisen und Verletzungen verbunden.

2.8 Unbewusstes bewusst machen: unmögliche Aufgabe oder paradoxer Weg?

„Wo Es war, soll Ich werden" (Freud 1933a, S. 111). Mit dieser emphatischen Aufforderung zu psychischer Erkenntnisarbeit formuliert zugleich die zentrale Aufgabe der Psychoanalyse, Unbewusstes bewusst zu machen, um Heilung zu ermöglichen. Eine wesentliche Voraussetzung dafür ist das Setting. Der Begriff *Setting* meint zunächst schlicht den äußeren Rahmen, auf den die Beteiligten sich zu Beginn der therapeutischen Arbeit einigen: Im Wesentlichen betrifft das Setting Ort, Zeit und Dauer der Sitzung sowie die Bezahlung und die Art des Arbeitens, das heißt die Form, in der die Arbeit abläuft, und die Weise, in der miteinander gesprochen wird.

Während die Arbeit von Psychotherapeut:innen überwiegend im (schräg ausgerichteten) Gegenübersitzen stattfindet, arbeiten Psychoanalytiker:innen mit Patient:innen, die auf der Couch liegen, wobei sie hinter ihnen nicht sichtbar im Sessel sitzen. In einer Haltung größtmöglicher Offenheit und Entsagung gegenüber persönlichen Handlungsimpulsen öffnen sie ihre innere Gefühls- und Gedankenwelt für die verbalen und emotionalen Mitteilungen der Patientinn:en. Durch die künstlich hergestellte Situation einer Beziehung in Abstinenz und Entbehrung kommt es bei Patient:innen zu einer Regression der normalerweise der Außenwelt zugewandten Sinne und des Denkens in Richtung auf frühkindliche Gefühle und

Erfahrungen. Unter diesen Bedingungen werden die Geister der eigenen inneren Welt, der frühen Triebkonflikte und Objektbeziehungserfahrungen wiederbelebt, um die „von der Realität abgewendeten, unbewussten" und in der Regression befindlichen Anteile der bewussten Bearbeitung in der Analyse zugänglich zu machen (Freud 1912b, S. 367 f.). Das heißt, dass in der aktuellen Beziehung zu dem/der Analytiker:in frühkindliche Fantasien und Triebwünsche bezüglich innerer und äußerer Objekte nebst ihren späteren Überschreibungen erneut hervorgerufen und so wiederholt werden, dass sie verstanden und verändert werden können. Es geht also darum, den unbewussten Wiederholungszwang aufzulösen und mehr Freiheit im Umgang mit der inneren und äußeren Realität zu gewinnen. Dabei ist die Funktion der Couch nicht zu unterschätzen.

Die Couch dient „dazu, die Regression zu befördern, indem die alltägliche Begegnung aufgelöst wird. Sie dient des Weiteren dazu, eine Regression in Gang zu halten, weil einerseits die Erwachsenenposition des Analysierten aufgehoben und andererseits dem Analysierenden die Freiheit verschafft wird, mit dem Unbewussten des Analysanden zu kommunizieren" (Hardt 2013, S. 86). Indem die Orientierung an der visuellen Wahrnehmung der äußeren Realität blockiert bzw. reduziert wird, richtet sich die Wahrnehmung eher nach innen auf den Bereich des Unbewussten und der Fantasien. Das wiederum lässt vielfältige Ängste entstehen vor dem, was da auftauchen oder ent-deckt werden könnte. Jede dieser Ängste hat ihre besondere Ursache in den unbewussten Konflikten und ihrer Geschichte.

Fallbeispiel: „Niemals werde ich mich da drauflegen." Mit diesem Satz und einem verächtlichen Blick in Richtung Couch begann eine Patientin ihre Psychoanalyse. Warum sie sich nicht hinlegen wollte, hatte vielerlei Gründe. Zentral war wohl ihre große Angst, den dann auftauchenden schwierigen Gefühlen von Hilflosigkeit, Abhängigkeit und Omnipotenzverlust zu begegnen. Sie traute sich und mir nicht zu, gemeinsam damit fertigzuwerden. Meine Patientin fürchtete seelischen Schmerz so sehr, wie der Teufel das Weihwasser. Wie Träume zeigten, glaubte sie, keinen Apparat und auch keinen Plan für dessen Herstellung zur Verfügung zu haben, die ihr hätten helfen können, mit Hilflosigkeit und Schmerz fertig zu werden. So arbeiteten wir zunächst im Sitzen. Als sie sich später hinlegen konnte, wurde deutlich, dass sie Angst hatte, von mir auf der Couch sadistisch misshandelt zu werden.

Das regressionsfördernde Setting der Psychoanalyse regt auch das Traumgeschehen an. Freud (1900a, S. 613) bezeichnet den Traum als als Königsweg „zur Kenntnis des Unbewussten im Seelenleben", weil er die Kontrolle des bewussten Denkens lockert und unbewusste Konflikte zutage fördert. Und auch heute noch gilt das gemeinsame Verstehen von Träumen als wichtiges Mittel der therapeutischen Arbeit. Und ganz in der Tradition Freuds hat dabei das, was die Patient:innen zu den Träumen assoziieren, den Vorrang vor der Deutungskunst der Psychoanalyse. Deren Aufgabe besteht darin, die sogenannten Tagesreste (also das, was der Traum von den alltäglichen Erlebnissen der Patient:innen aufgreift) von den unbewussten Bedeutungen der Träume zu trennen, beides mit den Assoziationen der Patient:innen zu verbinden und in eine neue gedankliche Ordnung zu bringen.

Genau genommen ähnelt die therapeutische Arbeit der Psychoanalyse der Traumdeutung: Therapeut:in und Patient:in produzieren zusammen träumerisch etwas Drittes, einen gemeinsamen Traum, der Analyse heißt (Ogden 1997, S. 107). Therapeut:innen bzw. Analytiker:innen soll sich Patient:innen in „gleichschwebender Aufmerksamkeit" (Freud 1912b, S. 377) zuwenden und „dem gebenden Unbewussten des Kranken sein eigenes Unbewusstes als empfangendes Organ" zur Verfügung stellen (Freud 1912b, S. 377). Sie sollten Patient:innen in einem Zustand träumerischer „Reverie" (Bion 1962, S. 84) begegnen und ihnen ihre „eigene Innenwelt mit einer Haltung des ‚no memory, no desire' (‚NO memory, desire, understanding')" (Bion 1970, S. 129) als Container zur Verfügung stellen, damit diese ihre unbewussten, schwer verdaulichen und sie quälenden Gedanken und Affekte in ihm unterbringen kann.

Analytiker:innen versuchen, diese unverstandenen und unverdauten Gefühle zu verstehen und das Verstandene den Patient:innen in einer Deutung zurückzugeben, und zwar so, dass langsam die unbewussten Konfliktdynamiken der zentralen und frühen inneren Objektbeziehungen aufgeführt werden und in der Beziehung Analytiker:innen wieder auftauchen und bearbeitet werden können. Inneren Objektbeziehungen zu bearbeiten, heißt in diesem Fall, sie in der aktuellen Beziehungssituation der Analyse zu erkennen und in ihrer Bedeutung für die individuelle Psychodynamik und Psychogenese der Patient:innen zu verstehen.

Psychoanalyse beschäftigt sich also mit dem Unbewussten in der Beziehung und das heißt mit dem, was man eigentlich nicht wissen kann, mit dem chaotischen, zeitlosen Urgrund der Seele, der sich jeder messbaren Objektivierung entzieht. Ihr geht es also nicht um die Bestätigung von Hypothesen oder um die Erzeugung von Gewissheiten, sondern um eine Erkundung des Offenen, Unbekannten, Unbestimmten (Bion 1970, S. 36). Daher wohl wird ihr mitunter vorgeworfen, unverständlich und unwissenschaftlich zu sein. In der Tat braucht es im Bereich der psychoanalytischen-therapeutischen Erkundung des Unbewussten andere Techniken sowie andere Handlungs- und Erkenntnisweisen als bei der Erforschung und Bearbeitung der Außenwelt und ihrer bewussten Repräsentationen. Denn im Bereich der subjektiven, inneren Realität gelten andere Bewegungsmechanismen und Gesetzmäßigkeiten als in dem der äußeren, objektiven Realität.

Da das Unbewusste auch nach Prozessen der Bewusstwerdung nicht aufhört, sondern lebenslang weiterexistiert, da es sich immer wieder umwandelt und neu bildet, kann seine Erforschung nicht zu Ende kommen. Dementsprechend nimmt die Psychoanalyse nie etwas so, wie es sich nach außen hin darstellt; sie sucht stets in allem einen verborgenen, unbewussten Sinn. Nichts Verstandenes ist endgültig und abgeschlossen. Die therapeutische Arbeit zeigt: Trotz aller Fortschritte im Verstehen ist immer alles noch einmal anders und vielfältiger, als man denkt. Insofern bleibt Psychoanalyse stets eine schwierige und überraschende Erkenntnisarbeit, die immer wieder neue, vielfältige Formen annehmen kann. Denn das Unbewusste wehrt sich geradezu gegen die Bewusstwerdung durch unterschiedliche Formen des Widerstands und der Entstellung.

Damit Unbewusstes bewusst werden kann, muss eine künstliche Erkenntnissituation geschaffen werden, die darauf abzielt, die innere, zu Beginn unbewusste Welt von jemandem in den Blick zu bekommen, sie zum Gegenstand der gemeinsamen Aufmerksamkeit, des gemeinsamen Erkenntnisinteresses und Nachdenkens zu machen. Dass beide sich zugleich dagegen sträuben, liegt in der Natur der Sache und ist nicht nur Hindernis, sondern zugleich auch ein wesentlicher Antrieb. Freud nannte diesen Teil der therapeutischen Arbeit die Arbeit am und mit dem Widerstand. Der Widerstand der Patient:innen in der Behandlung richtet sich gegen die Einsicht in die eigene, unbewusste Problematik, gegen das Freisetzen und Wiedererleben gehemmter Affekte und mitunter auch gegen die Genesung, beides eigentlich erklärte Ziele der gemeinsamen Arbeit. Zwar ist es in der Psychoanalyse kaum möglich, entsprechend Bions Formel des *no memory, no desire* eigene Interessen und Wünsche in der Arbeit von Stunde zu Stunde ganz auszublenden. Es wäre auch merkwürdig, würde dann doch auch das eigene Interesse an Menschlichkeit, Erkenntnis und Wahrheitsfindung notgedrungen ausgeschaltet. Aber als ein Ideal unter anderen bleibt die überraschende und mitunter auch überwältigende Wirkung der Arbeit mit dem Offenen des Unbewussten eine Herausforderung an den Einfallsreichtum und die emotional verstehende Kapazität der Beteiligten.

Mit dem Beruf Psychoanalytiker:in entscheidet man/frau sich nicht für ein Leben im engen Kontakt mit dem Unbewussten. Und ein solches Leben bereichert insofern, als man/frau es lebendiger (er-)leben kann. Ähnlich geht es auch den Patient:innen: Auch sie können mit Beginn einer Analyse oder Therapie auf ein lebendigeres Leben hoffen. Die permanente Hinwendung zum Unbewussten isoliert aber auch von anderen Menschen, von denen, die eher versuchen, das Unbewusste eben nicht wahrzunehmen und schon gar nicht mit ihm zu leben. Daraus ergibt sich die Gefahr einer „Irrealisierung" (Pollak 1999, S. 1286) in dem Sinne, dass das Leben mit und in der inneren Realität den Bezug zur äußeren Welt überwiegt, überlagert oder gar stört.

Literatur

Bauriedel, T. (1997). Was man bei sich selbst nicht erkennt, kann man bei anderen nicht ändern. In W. Mertens (Hrsg.): *Der Beruf des Psychoanalytikers*. (S. 27–50) Klett Cotta.

Beland, H. (2007). Aneignen, Integrieren, Forschen – Stufen von Verbesserung der eigenen und der gemeinsamen analytischen Arbeit. In L. M. Hermanns (Hrsg.). Psychoanalyse in Selbstdarstellungen. Bd. VI. (S. 9–78) Brandes & Apsel.

Beland, H. (2008). *Die Angst vor Denken und Tun. Psychoanalytische Aufsätze zu Theorie, Klinik und Gesellschaft.* Psychosozial-Verlag.

Bennecke, C. (2016). *Psychodynamische Therapien und Verhaltenstherapie im Vergleich: Zentrale Konzepte und Wirkprinzipien.* Vandenhoeck & Ruprecht.

Bion, W. R. (1992 [1962]). *Lernen aus Erfahrung.* Suhrkamp.

Bion, W. R. (1992 [1963]). *Elemente der Psychoanalyse.* Übers. und eingeleitet von E. Krejci. Suhrkamp.

Bion, W. R. (2002 [1967]). Anmerkungen zu Erinnerung und Wunsch. In: *Melanie Klein heute.* Bd. 2. Hrsg. von E. Bott Spillius. (S. 22–28) Klett-Cotta.

Bion, W. R. (2006 [1970]). *Aufmerksamkeit und Deutung.* edition diskord.

Bohleber, W. (2012). was Psychoanalyse heute leistet. Identität und Intersubjektivität, Trauma und Therapie, Gewalt und Gesellschaft. Klett-Cotta.

Freud, S. (1900a). Die Traumdeutung. *GW II/III.*

Freud, S. (1905d). Drei Abhandlungen zur Sexualtheorie. *GW V.* S. 27–140.

Freud, S. (1912b). Zur Dynamik der Übertragung. *GW VIII.* S. 363–374.

Freud, S. (1915c). Triebe und Triebschicksale. *GW X.* S. 209–232.

Freud, S. (1919a). Wege der psychoanalytischen Therapie. *GW XII.* S. 181–194.

Freud, S. (1927a). Nachwort zur Frage der Laienanalyse. *GW XIV.* S. 287–296.

Freud, S. (1933a). Neue Folge der Vorlesungen zur Einführung in die Psychoanalyse. *GW XV.*

Green, A. (2004). Pluralität der Wissenschaften und psychoanalytisches Denken. In M. Leuzinger-Bohleber, H. Deserno & S. Hau (Hrsg.). *Psychoanalyse als Profession und Wissenschaft. Die psychoanalytische Methode in Zeiten wissenschaftlicher Pluralität.* Kohlhammer.

Hardt, J. (2013). *Methode und Techniken der Psychoanalyse. Versuche zur Praxis.* Psychosozial-Verlag.

Hardtmann, G. (1997). Die Lebendigkeit einer Beziehung lebt von der Differenz. In W. Mertens (Hrsg.). *Der Beruf des Psychoanalytikers.* (S. 91–99) Klett-Cotta.

Haubl, R. & Mertens, W. (1996). *Der Psychoanalytiker als Detektiv.* Kohlhammer.

Klein, M. (1974). Bemerkungen über einige schizoide Mechanismen. (1946) In *Psychologie des Ich. Psychoanalytische Ich-Psychologie und ihre Anwendungen.* Hrsg. von P. Kutter und H. Roskamp. (S. 41–174) Wissenschaftliche Buchgesellschaft.

Koenen, M. & Martin, R. (2015). Wege und Umwege zum Beruf des Psychotherapeuten. Entwicklungsprozesse psychotherapeutischer Identität. Mit einem Vorwort von M. Leuzinger-Bohleber. Psychosozial.

Kutter, P., Páramo-Ortega, R. & Zagermann, P. (Hrsg.) (1988). Die psychoanalytische Haltung. Auf der Suche nach dem Selbstbild der Psychoanalyse. Verlag Internationale Psychoanalyse.

Löchel, E. (2013). Ringen um psychoanalytische Haltung. *Psyche – Z Psychoanal., 67(12),* 1167–1190.

Ogden, T. H. (1997). *Analytische Träumerei und Deutung. Zur Kunst der Psychoanalyse.* Springer.

Pollak, T. (1999). Über die berufliche Identität des Psychoanalytikers. Versuch einer professionstheoretischen Perspektive. *Psyche – Z. Psychoanal. 53 (12)*, 1266–1295.

Psychotherapeutengesetz vom 16.07.1998 (BGB I. I S.1311), das zuletzt durch Art. 18 des Gesetzes vom 15.08.2019 (BGB I. I S.1307) geändert worden ist. http://www.gesetze-im-internet.de/psychthg/BJNR131110998.html

Psychotherapeutengesetz vom 15.11.2019 (BGBl. I S. 1604), das durch Artikel 17 des Gesetzes vom 19.05.2020 (BGBl. I S. 1018) geändert worden ist. PsychThG.pdf (gesetze-im-internet.de)

Schlippe, A.v. & Schweitzer, J. (2012). *Lehrbuch der systemischen Therapie und Beratung I. Das Grundlagenwissen.* Vandenhoeck & Ruprecht.

Wille, R. (2008). Psychoanalytic Identity: Psychoanalysis as an Internal Object. *Psychoanal Q., 77(4),* 1193–1229.

Winnicott, D. W. (1970). Der Ort der Monarchie. In *Der Anfang ist unsere Heimat. Zur gesellschaftlichen Entwicklung des Individuums.* (S. 290–299) Klett-Cotta, 1990.

Winnicott, D. W. (1984[1965]). *Familie und individuelle Entwicklung.* Fischer.

Wittchen, H.-U. & Hoyer, J. (Hrsg.) (2011). *Klinische Psychologie & Psychotherapie.* (2. überarb. und erw. Aufl.) Springer Verlag.

Zwiebel, R. (2007). *Von der Angst, Psychoanalytiker zu sein. Das Durcharbeiten der phobischen Position.* Klett-Cotta.

Zwiebel, R. (2013). *Was macht einen guten Psychoanalytiker aus? Grundelemente professioneller Psychotherapie.* Klett-Cotta.

Der psychoanalytische Weg in der inneren Welt

3

Inhaltsverzeichnis

3.1 Vor der Analyse: falsche Erwartungen als richtiger Beginn 42
3.2 Ein Rahmen, der keiner ist: innere und äußere Bedingungen psychoanalytischer Arbeit 46
3.3 Alles sagen, was einem in den Kopf kommt: eine unmögliche Grundregel? 53
3.4 Wahrhaftiges Lügen und lügenhafte Wahrheit 57
3.5 Die psychoanalytische Arbeit: Kunst, Technik oder Intuition? 60
3.6 Der analytische Prozess: Wiederholung und Langsamkeit als Wege des Fortschritts 66
3.7 Affekte und Gefühle in der Behandlung: Irrwege oder Orientierung? 72
3.8 Heilung ohne Ende, Entwicklung ohne Ziel, Erfüllung durch Enttäuschung 78
Literatur 82

Zusammenfassung Das 3. Kapitel schildert den Weg der psychoanalytischen Selbsterfahrung, Ausbildung und Berufstätigkeit in der individuellen inneren Welt. Schwerpunkte der Unterkapitel bilden Rahmenbedingungen, psychische Strukturen und Konfliktdynamiken, wie sie im Verlauf einer psychoanalytischen Behandlung bzw. Lehranalyse entstehen und beschrieben werden können. Die Unterkapitel schildern Probleme mit dem Anfang, dem therapeutischen Rahmen, der psychoanalytischen Grundregel der Wahrhaftigkeit, dem Umgang mit schwierigen Gefühlen bzw. Affekten, dem psychoanalytischen Prozess und möglichen Behandlungszielen.

3.1 Vor der Analyse: falsche Erwartungen als richtiger Beginn

Wann beginnt eine Therapie und wann eine Analyse? Ich denke, eine Therapie beginnt, wenn Therapeut:in und Patient:in sich hinreichend oft persönlich getroffen und beschlossen haben, miteinander zu arbeiten, und zwar in einem bestimmten Rahmen. Eine Psychoanalyse jedoch beginnt erst, wenn beide, Therapeut:in und Patient:in, unbewusst eine Vorstellung davon entwickelt haben, was sie miteinander tun und warum sie dies tun, mögen sich ihre Vorstellungen bewusst noch so sehr voneinander unterscheiden. Manchmal entsteht erst nach langer Zeit das Gefühl: Jetzt geht es wirklich los. Erst jetzt ist das, was wir hier machen, Analyse (vgl. dazu auch Tuckett et al. 2024). Es handelt sich dabei um ein Evidenzgefühl, das sich schwer beschreiben und noch schwerer objektivieren lässt.

Lange bevor Patient:innen kommen, gibt es eine Art Vorphase der Behandlung, in der sich Vorstellungen, Wünsche und Erwartungen herausbilden, und zwar sowohl aufseiten der Patient:innen als auch aufseiten der Therapeut:innen. Bei den Patient:innen gibt es eine Phase, in der sie quasi mit der Vorstellung schwanger gehen: Es könnte vielleicht sein, dass ich beginne, nach einem Behandlungsplatz Ausschau zu halten. Aber warum tue ich das? Und was suche ich? Vor jeder Behandlung gibt es Erwartungen an das, was gesucht und was geschehen wird. Erwartungen sind Gedanken, die auf ihre Realisierung hoffen. Sie enthalten Bilder und Vorstellungen von einem Objekt, das heißt von einem fantasierten Gegenüber in der inneren Welt und der Beziehung zu ihm, die man nach Wilfred Bion (1962, S. 148) als „Präkonzepte" fassen kann, als „Vorahnungen" von dem, was da kommen könnte. Erwartung hat etwas mit Warten zu tun, mit dem Warten darauf, dass etwas beginnt, dass es losgeht mit etwas, was auch immer das ist. Erwartung wartet auf die Ankunft, die Ankunft *des* Kindes, dieses Patienten bzw. dieser Patientin, auf den Beginn von etwas Neuem, was die Bezeichnung Psychotherapie oder Psychoanalyse trägt. Beginnt die Beziehung mit der Erwartung, so ist das bereits unmöglich oder paradox. Denn sie kann ja noch nicht beginnen, weil zu jeder Therapie zwei reale Personen gehören, die sich in einem vorab festgelegten Rahmen regelmäßig begegnen.

3.1 Vor der Analyse: falsche Erwartungen als richtiger Beginn

Es ist dies eine Vorphase, in der ein Entschluss reift, bis er in die Tat umgesetzt wird oder eben auch nicht. Es ist eine Phase, in der die Vorahnung einer Beziehung entsteht, die von Wünschen, Erwartungen und auch Ängsten geprägt ist. Was ist das eigentlich? Brauche ich das überhaupt? Warum eine Psychoanalyse und warum keine Psychotherapie? Oder warum eine Psychotherapie und keine Analyse? Wie sollte meine künftige Analytikerin bzw. mein künftiger Therapeut beschaffen sein? Möchte ich zu einem Mann oder zu einer Frau? Das, was wir uns bewusst vorstellen, entspricht häufig nicht den unbewussten Wünschen, und die setzen sich dann oft ja doch gegen das bewusst Beabsichtigte durch. Im Grunde kann man/frau vom Beginn der Psychoanalyse eigentlich auch keine realistische Vorstellung haben, weil das, was für diesen besonderen Menschen Psychoanalyse bedeutet, ja erst in der realen Begegnung entsteht. Und eigentlich hat man/frau dann erst am Ende des Prozesses eine Vorstellung davon, was sie bedeutet, und zwar sowohl für einen selbst als auch generell. Zugleich aber ist es durchaus notwendig, eine quasi falsche Vorstellung zu haben, weil nur dann ein Verstehen im Sinne einer Darstellung und Bearbeitung der eigenen inneren Welt wie auch ihrer Art, äußere Realität zu sehen und zu verzerren, möglich ist. Denn um ein tiefes Verstehen dieser je individuellen Besonderheiten und Abweichungen soll es ja in der gemeinsamen Arbeit gehen.

Unrealistisch sind also Erwartungen an die Behandlung und Behandelnde wie: „Sie müssen mir das alles doch beschaffen und meine Wünsche erfüllen können." Mit solchen Erwartungen wird der/die Analytiker:in zwar idealisiert und zu einem omnipotenten Wesen erklärt. Da er/sie die an ihn/sie gerichteten überdimensionalen Wünsche jedoch nicht erfüllen kann, wird er/sie mit derartigen Erwartungen zugleich auch depotenziert. Fantasien vom *absolut Guten* (vgl. Ebrecht-Laermann 2007, S. 182 ff.) sind meist mit einer magischen, omnipotenten Glücksvorstellung verbunden: Die Behandlung könnte alles Unglück beseitigen und den Schlüssel zu immerwährendem Glück bereithalten. Da sie das aber logischerweise nicht kann, droht ein enttäuschter Abbruch oder innerer Rückzug. Auf ein „Hosianna!" folgt meist ein „Kreuziget sie/ihn!"

Derartige Omnipotenzfantasien depotenzieren Analytiker:innen wie auch die Analyse. Sie können insofern als Widerstand gegen die Behandlung verstanden werden, als sie versuchen, die Mühen einer langwierigen, ängstigenden und schmerzhaften Auseinandersetzung mit der eigenen Innenwelt zu verhindern. Doch trotz aller falschen Idealisierung – die Vorstellung, dass die Psychoanalyse etwas wirklich Gutes bereithalten könnte, kann auch hilfreich sein. Denn wenn es gelingt, sie während des langen, mühevollen Wegs psychoanalytischer oder therapeutischer Arbeit mithilfe guter Beziehungserfahrungen zu entidealisieren, zu erhalten und in realistische Hoffnungen umzuwandeln, kann sie über destruktive Krisen hinweghelfen und zum Gelingen der Behandlung beitragen.

Den auf das analytische Objekt gerichteten idealisierenden Wünschen und Omnipotenzvorstellungen entsprechen auf der anderen Seite Ängste, die Behandlung könnte eine/einen ins Unglück stürzen, das Leben kaputtmachen, alles zum Zusammenbrechen bringen, die Beziehungen zerstören, eine/einen schutzlos und isoliert zurücklassen. Nicht selten wird sie wie eine Art Gehirnwäsche fantasiert, gegen die man/frau sich nicht wehren kann und die die eigene Persönlichkeit vollständig umkrempelt. Eine weitere paranoide Vorstellung lautet, Therapeut:innen könnten mit ihren hellseherischen Fähigkeiten das Gegenüber blitzschnell durchschauen und alle seine/ihre (vor allem bösen) Gedanken und Triebregungen erraten und so gleichsam die Geister aus der Flasche lassen. Dieser Vorwurf geht meist mit einer untergründigen, neidisch-ängstlichen Idealisierung einher: Psychoanalytiker:innen könnten sich als allwissend erweisen und ihr Gegenüber rückhaltlos entblößen.

Solche Ängste sind aber durchaus nicht unbegründet. Denn Analytiker:innen können in der Tat unbewusste Motive und verborgene Wünsche aus den bewussten Äußerungen und unbewusst übertragenen Gefühlen der Patient:innen erschließen. Sie haben es gelernt, ihre Gegenübertragungsgefühle und -gedanken zu nutzen, um das aufzunehmen und zu verstehen, was Patient:innen an frühen Erfahrungen mitbringen und auf die Analytiker:innen übertragen bzw. projizieren. Um das Verständnis dieses Übertragungs-Gegenübertragungsdynamik wird es in der Behandlung gehen. Und die Impulse, die dann zum Vorschein kommen, sind nicht immer gut, sondern eben auch destruktiv, zerstörerisch: Sie wollen eine Behandlung nicht nur befördern, sondern auch behindern. So fragwürdig beide Fantasien auch sein mögen, sie gehören zu einer Behandlung dazu. Als gemeinsame

Beziehungsfantasien besagen sie, dass die Psychoanalyse, auf die ich mich einlassen werde, sowohl Gutes und Heilendes als auch Böses und Zerstörerisches hervorbringen wird. Denn die meisten Patient:innen, die in Behandlung kommen, haben den traumatischen Zusammenbruch, den sie in der Analyse befürchten, in frühester Kindheit bereits erlebt und fürchten, dass er sich wiederholt (vgl. Winnicott 1991). Aber genau dieser Angst muss man/frau begegnen, damit es besser werden kann.

So sehr die Wünsche vieler Patient:innen sich vor Beginn der Behandlung also um Vorstellungen von Glück und Unglück drehen, so wenig entspricht das tatsächlich der Realität des nun folgenden Prozesses. Sich mit der eigenen inneren Wahrheit zu konfrontieren, von jemand anderem gezeigt zu bekommen, wie sich unbewusst in unseren bewussten Intentionen gegenstrebige Tendenzen durchsetzen, ist kränkend, schmerzhaft und ängstigend. Und das, was die Analyse an Glück bereithält, ist nicht das Glück einer realen Bedürfnisbefriedigung, sondern das Glück des Verstandenwerdens, des sich Gehaltenfühlens und der emotionalen Stimmigkeit. Das Unglück stellt sich dann meist als eben jenes heraus, was die Patient:innen bereits mitbringen oder eben das Leben für sie unweigerlich bereithält. Differenzierung von anderen Menschen und Beziehungsfähigkeit, Vermeidung von übermäßigem Leid, aber auch die Fähigkeit, unabwendbares Leiden anzunehmen, die eigenen inneren Konflikte und problematischen Dynamiken anerkennen zu können, ohne ihnen jedoch zu viel Raum zu geben, sind somit realistischere Ziele einer Behandlung.

Doch auch die Analytiker:innen haben einer neuen Behandlung gegenüber vorab Wünsche, Vorahnungen und Erwartungen. Vielleicht haben sie sich länger schon mit der Überlegung getragen, neue Patient:innen für frei werdende Behandlungsstunden zu suchen. Wird jemand anrufen oder muss ich suchen? Werde ich jemanden finden, mit dem ich mir die Arbeit zutraue? Und wenn ja, was wird es für ein Mensch sein? Wünsche ich mir zurzeit einen Patienten oder eine Patientin? Manchmal kommt man auch zu einem neuen Fall wie die Jungfrau zum Kinde. Man denkt gar nicht daran, jemand Neues aufzunehmen. Und dann ist plötzlich doch jemand da, ohne dass zunächst klar scheint, wie es genau dazu gekommen ist. Aber das *Wie* ist enorm wichtig, weil es bereits die ganze Beziehungsdynamik der Patient:innen enthält, mit ihren Problemen und Möglichkeiten.

All dies hat Bedeutung für die spätere Beziehung und dafür, wie das Paar miteinander arbeiten wird. Beide erwarten, dass sich etwas Neues, Unvorhergesehenes ereignet. Doch zugleich erwarten beide auch, dass sich etwas Altes, Immergleiches wiederholt und es schwer werden wird, diesem Wiederholungszwang standzuhalten oder ihn gar zu verändern. Wir haben es also von Beginn an mit paradoxen Situationen und Erwartungen zu tun, die zur Folge haben, dass das therapeutische Paar nach Art eines Hase-und-Igel-Spiels aneinander vorbeirennt. Beide sind in gewisser Weise mit falsch idealisierenden Vorstellungen und übertriebenen Ängsten beschäftigt, in der Hoffnung, irgendwann einmal zueinanderzufinden.

Das zutiefst Widersprüchliche dieser sehr individuellen und intimen Arbeit am und mit dem Unbewussten und der inneren Welt besteht schon allein darin, dass sie in einem klar definierten und strikt beachteten äußeren Rahmen stattfindet. Paradoxerweise müssen Analytiker:innen dabei eine sehr enge Beziehung zu einem anderen Menschen aufbauen, in der sie selbst kaum vorkommen und die dazu dient, sich überflüssig zu machen. Psychoanalytiker:innen sollten daher ihre oft überdimensionale Bedeutung für die Patient:innen und zugleich auch das Überflüssigmachen der eigenen Tätigkeit ebenso im Blick behalten wie den formalen gesetzlichen Rahmen, in dem die Behandlung stattfindet.

Rat: Wenn Sie eine Psychoanalyse beginnen, sollten Sie sich vor Augen führen, dass diese die nächsten Jahre mit zum Wichtigsten in Ihrem Leben gehören wird, was viel Zeit und inneren Raum einnehmen und Sie auch außerhalb der Therapiestunden beschäftigen wird. Oft dauert die Analyse im Sinne einer tief greifenden Veränderung auch länger, als die AT, welche die Krankenkasse für die Beseitigung der Symptome zahlt. Wer eine gründliche Analyse machen möchte, braucht neben Zuverlässigkeit, Neugier und Leidensfähigkeit auch Geduld und etwas Geld.

3.2 Ein Rahmen, der keiner ist: innere und äußere Bedingungen psychoanalytischer Arbeit

Eine Psychoanalyse ist spannend und erfüllend, aber auch schwierig und ängstigend. Ich glaube, dass sie ähnlich wie eine Weltreise in der äußeren Realität das Abenteuer einer Reise in die (Un-)Tiefen der eigenen inneren Welt bereithält. Und ich kann nur empfeh-

3.2 Ein Rahmen, der keiner ist: innere und äußere Bedingungen ...

len, sich auf dieses Abenteuer einzulassen – wenn man jemanden findet, mit dem oder der man es gern wagen möchte. Doch bereits das ist schwierig. Denn es bedeutet, in dem Angebot niedergelassener Therapeut:innen jemanden zu finden, von dem oder der man/frau annimmt, er oder sie könnte zu einem passen. Dabei spielen zunächst auch äußere Gegebenheiten eine Rolle, wie z. B., ob der- oder diejenige Mitglied eines bekannten Instituts ist, über eine Abrechnungsgenehmigung der GKV verfügt, ob sich die Praxis in der Nähe oder weiter entfernt befindet, ob man den- oder diejenige telefonisch erreichen kann usw. All das fließt schon in die Bedingungen der gemeinsamen Arbeit ein und verleiht der ersten Begegnung eine spezifische Bedeutung. Die Rahmenbedingungen sind also nicht nur äußerlich, sondern ihre Wahrnehmung und Darstellung ist bereits auch Ausdruck der jeweiligen Beziehungsproblematik, die Patient:innen mitbringen.

Fallbeispiel: Ein Patient, der in der ersten Sitzung darüber klagte, dass meine Praxis zu weit entfernt und ich zu schwer für ihn zu erreichen sei, hatte später in der Behandlung dann enorme Schwierigkeiten, mit mir in Kontakt zu kommen und das Gefühl zu entwickeln, mich zu erreichen oder selbst von mir erreicht zu werden. Obwohl er lange geglaubt hatte, viele soziale Kontakte zu haben und ein geselliger Mensch zu sein, kam er in die Therapie, weil er in seinen Beziehungen stets irgendwann das Gefühl bekam, den anderen oder die andere nicht erreichen zu können und ihm bzw. ihr nichts zu bedeuten. Daran waren viele seiner Beziehungen zerbrochen und auch die Therapie drohte an eben diesem Problem zu scheitern. Derselbe Patient, der sich schon mehrfach darüber beklagt hatte, dass ich strikt versuchte, seine ständigen Verspätungen mit ihm zu besprechen, sagte eines Tages, nachdem er wieder einmal 20 min zu spät gekommen war: „Es ist aber auch so schwer, zu Ihnen zu kommen. Es ist so gefährlich: Die Straße vor Ihrer Praxis ist so stark befahren, dass ich da immer lange warten muss, um rüberzukommen, sodass ich dann eben immer zu spät komme." Nun gelang es uns, darüber zu sprechen, dass er das Gefühl hatte, nicht bei den anderen Menschen anzukommen, weil etwas vermeintlich Gefährliches ihn daran hinderte. Wir konnten diese Empfindungen auch darauf zurückführen, dass er sich von mir wie von seinen frühen Beziehungspersonen schon früh in ein striktes Zeitregiment gepresst sah, gegen das er unbewusst heftige Wut empfand. Diese Wut stand wie eine gefährliche Straße zwischen ihm und den anderen Menschen und hinderte ihn daran, die in seiner Psychoanalyse zur Verfügung stehende Zeit mit mir auch wahrzunehmen. Denn objektiv wäre das durchaus möglich gewesen.

Zu Beginn einer Therapie treffen sich zwei Menschen zunächst zu den beiden von den Kassen geforderten *Sprechstunden* zur Indikationsstellung (also zur Beantwortung der Frage, welche Art der Therapie für diesen besonderen Menschen angemessen erscheint) sowie anschließend zu den (meist 3) *probatorischen Sitzungen*, um zu schauen, ob und wie sie miteinander arbeiten können. In besonderen Notsituationen oder zur weiteren Klärung der Indikation kann auch rasch eine *Akuttherapie* beginnen, die nicht eigens beantragt, sondern der Krankenkasse nur angezeigt werden muss. Am Ende der Probatorik sollte nicht nur der/die Therapeut:in einen Eindruck erlangt haben, worum es bei der/dem Patient:in geht (inklusive einer vorläufigen Diagnose), sondern auch die/der Patient:in sollte eine vage Vorstellung gewonnen haben, mit wem er/sie es zu tun hat und ob er/sie sich von der Therapie einen Gewinn für die eigene innere Erfahrung erhoffen kann. Wenn beide das Gefühl haben, es könnte gehen, dann einigen sie sich auf einen Rahmen für die gemeinsame Arbeit (vgl. Krejci 2015, S. 97 ff.).

Diese Rahmenvereinbarungen sind entscheidend dafür, dass eine Therapie oder Analyse stattfinden kann. Zunächst heißt das, dass Therapeut:in und Patient:in sich darauf einigen, wann und wie sie miteinander arbeiten: an welchem Ort, zu welcher Zeit, wie oft in der Woche, über welchen voraussichtlichen Zeitraum, mit welcher Pausenregelung und in welchem Setting, also mit welcher Frequenz und in welcher Form (im Sitzen oder im Liegen). In der Regel dauert eine Behandlungssitzung 50 min mit 10 min Pause zwischen den Sitzungen, um einen Wechsel der Patient:innen zu ermöglichen und Therapeut:innen zu helfen, eine Grenzverwischung unterschiedlicher Behandlungen und Patient:innen zu verhindern.

Wichtig sind die Zuverlässigkeit und Beständigkeit des zeitlichen Rahmens – sowohl aufseiten der Analytiker:innen, die für das Stattfinden und die Kontinuität der Behandlung Sorge zu tragen haben, als auch aufseiten der Patient:innen. Diese übernehmen neben der inhaltlichen Ausgestaltung und Finanzierung der stattgehabten Stunden auch die formale Verantwortung für jene Stunden, die sie ausfallen lassen, meist durch ein zu Beginn vereinbartes Ausfall- bzw. Bereitstellungshonorar. Zum Rahmen gehört neben den zeitlichen Vereinbarungen also auch die Einigung über die finanziellen Bedingungen, also Bezahlung (Kasse oder privat), gegebenenfalls Stundenhonorar und Ausfallhonorar. Wichtig ist auch die Art der Bezahlung. Wer im klassischen psychoanalytischen Setting mit Selbstzahler:innen arbeitet, der/die lässt sich die Stunden meist gegen Rechnungslegung am Ende des jeweiligen Monats bezahlen. Aber auch hierbei gibt es individuelle Unterschiede (etwa ob bar gezahlt oder überwiesen wird, ob die Rechnung in der Stunde vor der Zahlung gegeben wird oder Patient:innen das Geld gleich mitbringen, also selbst mitrechnen müssen, oder ob er/sie in der nächsten Stunde erst bezahlt) und etliche Varianten, von denen jede Variante gute Gründe für oder gegen sich hat. Hier wie sonst auch gilt: Eine klare Rahmenvereinbarung ist unabdingbar, um das analytische Verstehen und Deuten zu ermöglichen. Das zeigt sich spätestens dann, wenn in diesem Kontext Probleme auftauchen, die eine Klärung und Erklärung fordern. Zeit und Geld sind objektiv messbare Daten, die jedoch subjektives Erleben und individuelle Dynamiken bzw. Abweichungen gut zum Vorschein bringen.

Die Besonderheit des therapeutischen Rahmens besteht darin, dass er einerseits eine Grenze nach außen hin festlegt, also bestimmt, was als äußere Realität der Psychotherapie gilt, und dass er andererseits die Arbeit an der inneren Welt ermöglicht und begrenzt. Der Rahmen als solcher ist also paradox: Er stellt idealtypische Vorgaben bereit, wie etwa Pünktlichkeit, die Fähigkeit, sich auf ein Setting einzulassen, oder auch die Anerkennung gewisser Umgangs- und Beziehungsformen, innerhalb derer ein Verstehen der Konfliktdynamiken von Patient:innen stattfindet. Dass alle diese Rahmenbedingungen lediglich idealtypische Konstruktionen sind und keinesfalls (wie Patient:innen anfangs oft meinen) strenge Verhaltensregeln oder Zielvorgaben einer Therapie bzw. Analyse, kann man sich daran verdeutlichen, dass es ja so etwas wie *die* Triebentwicklung oder *den* Ödipuskomplex realiter gar nicht gibt und auch nicht geben kann. Jede/jeder Patient:in hat ihren/seinen eigenen Ödipuskomplex, ihre/seine ganz individuelle Triebgeschichte, ihre „Triebschicksale", wie Freud (1915c) sie nannte.

Sodann enthält der Rahmen auch die Übereinkunft, dass die an der Therapie Beteiligten sich in irgendeiner Weise darüber einig sind, worum es bei der gemeinsamen Arbeit geht und wie sie vonstattengehen soll. Dieses Arbeitsbündnis „zwischen dem vernünftigen Ich des Patienten und dem analysierenden Ich des Analytikers" (Greenson 1989, S. 204) betrifft unter anderem „die Motivation des Patienten, seine Krankheit zu überwinden" und „seine bewusste und rationale Bereitwilligkeit mitzuarbeiten (...) sich auf die verschiedensten Weisen mitzuteilen, in Worten, mit Gefühlen und doch mit Zurückhaltung in Bezug auf sein Handeln. (...) Er muss dem Analytiker zuhören können, begreifen, nachdenken, meditieren und Introspektion üben. In gewissem Maß muss er auch sich erinnern können, sich selbst beobachten, phantasieren und darüber berichten" (Greenson 1989, S. 219). Obwohl angesichts der erheblichen Fortschritte therapeutischer und analytischer Technik in den letzten Jahrzehnten heute vermutlich niemand mehr all das, was Greenson fordert, von Patient:innen erwarten würde, geben seine Anforderungen doch Hinweise darauf, welche Fähigkeiten wünschens- und erstrebenswert sind, weil sie den therapeutischen Prozess unterstützen und voranbringen können.

Während Greenson (1989, S. 218) das Arbeitsbündnis als „relativ rationales, entsexualisiertes und von Aggressionen befreites Übertragungsphänomen" bezeichnet, vertritt Hinshelwood (1997, S. 251) in kleinianischer Tradition die „Auffassung, dass ein solches Bündnis zwangsläufig Störungen unterliegt." In dieser Tradition geht auch Bion (1979, S. 321) davon aus, dass bereits beim ersten Treffen von Analytiker:in und Patient:in ein emotionaler Sturm entsteht. Während beide möglicherweise entscheiden, „to ‚make the best of a bad job'", sei es tatsächlich die Aufgabe von Analytiker:innen, angesichts der von Patient:innen mitgebrachten schwierigen und starken Gefühle weiterhin klar zu denken und etwas Gutes aus dem zu machen, was die Beziehung und die Arbeit stört bzw. angreift. Doch selbst wenn es Gründe gibt, das Arbeitsbündnis als konventionell zu kritisieren und auf die Behandelnden zu beschränken (Deserno 1990, S. 145), scheint es mir für beide, für Analytiker:in wie Patient:in, notwendig zu sein, um die schwierigen emotionalen Prozesse und Beziehungsdynamiken der Behandlung gemeinsam bewältigen zu können. Ich denke, dass das Arbeitsbündnis zwar nicht störungsfrei und neutral sein kann, dass es aber doch einen Bezugspunkt idealer Übereinkunft des Verstehens schafft, der eine triangulierende Funktion besitzt und somit Patient:in wie Therapeut:in vor dem Abgleiten in die Psychose schützt. Triangulierende Funktion meint hier, dass eine dritte Position existiert, die es verhindert, dass sich die Grenzen zwischen dem analytischen Paar auflösen oder verschwimmen.

Und so ist es für die therapeutische Arbeit entscheidend, dass die zu Beginn festgesetzten Rahmenbedingungen trotz aller Konflikte und Schwierigkeiten als Voraussetzung der gemeinsamen Arbeit und als unerlässliche Bedingung des Erkennens und Mitteilens prinzipiell anerkannt und bestehen bleiben. Ist das nicht der Fall, wird es oft so destruktiv, dass die Therapie kaputtzugehen droht. Angriffe auf den Rahmen sind in der Regel Versuche, die Behandlung und Behandelnde zu zerstören. Deutet sich so etwas an, ist es für Therapeut:innen ratsam, mit den Patient:innen zusammen eine Lösung zu finden, weil das die Voraussetzung dafür bildet, dass die gemeinsame Arbeit weitergehen und die inneren Gründe für den Angriff auf den Rahmen verstanden werden können. Wenn der therapeutische Rahmen zerstört wird, kann Analyse nicht mehr stattfinden.

Das gilt auch und gerade für die Abstinenz, die einen wichtigen Bestandteil des Arbeitsbündnisses bildet. Freuds (1919a, S. 189) Forderung, die „analytische Kur" solle „soweit es möglich ist, in der Entbehrung – Abstinenz – durchgeführt werden", dient der Herstellung einer möglichst guten Sicht auf die innere Realität. Denn Abstinenz heißt hier vor allem Abstinenz vom Handeln und von der/dem anderen, von der realen Beziehung zu ihm/ihr, mit dem paradoxen Ziel, zu sich selbst und anderen besser in Beziehung treten zu können. Psychoanalyse versucht, gerade dadurch Zusammenhang zu stiften und Beziehungsfähigkeit zu stärken, dass sie sich möglichst jeder Handlung in der Außenwelt enthält und sich stattdessen den inneren Objekten und Objektbeziehungen des Menschen widmet. In anderen Therapieformen, die sich eher auf Probleme der äußeren psychosozialen Realität fokussieren und sich der inneren Welt der Patient:innen vermittelt über die Außenwelt nähern.

Heute ist Abstinenz ein wesentlicher Bestandteil einer jeden Berufsethik. Abstinenz umschließt neben der Aufrechterhaltung der Grenzen und dem Schutz vor Übergriffen auch Neutralität und Tendenzlosigkeit in ethischer, religiöser und politischer Hinsicht – soweit das eben möglich ist. Therapeut:innen dürfen weder mit den Patient:innen noch mit deren direktem persönlichem Umfeld persönliche Beziehungen eingehen und sollten auch in der Behandlung gar nichts oder möglichst wenig von sich selbst offenbaren bzw. erzählen (vgl. Malcolm 1991, S. 50 f.). Während wir es im normalen Leben als Unhöflichkeit wahrnehmen, wenn nur eine Person über sich spricht, die andere hingegen kaum, etwas oder gar nichts über sich preisgibt, ist das in der Psychoanalyse wie auch in den meisten anderen Psychotherapieschulen eines der Grundprinzipien. Hier wird also eine künstliche Situation erzeugt, mit dem Ziel, dass die Therapeut:innen die Probleme der Patient:innen fast in Reinform in den Blick bekommen können, mit möglichst wenig Beimischung eigener Probleme und Schwierigkeiten, sodass sie sie auch die Patient:innen vor Augen führen können. Ich würde aber Pollak (1999, S. 1282) zustimmen, dass man daraus keine vollständige „Ziel-, Zweck- und Absichtslosigkeit des Verfahrens" ableiten kann, da es dann eben kein Verfahren mehr wäre und sich selbst ad absurdum führen würde. In irgendeiner Weise möchte wohl jeder/jede Therapeut:in eine hilfreiche, fördernde und möglichst wenig destruktive Beziehung zu den Patient:innen aufrechterhalten, aber eine völlig emotions- und haltungslose Beziehung ist weder möglich noch psychisch hilfreich. Hinderlich wird Abstinenz aus meiner Sicht dann, wenn jemand sie mit Kälte oder Unhöflichkeit verwechselt.

Nicht zuletzt bildet auch die von mir oben angedeutete psychoanalytische Theorie einen Teil des Rahmens. Der/die Analytiker:in muss sie kennen, sich in ihr auskennen, um sie für jeden besonderen Fall immer wieder neu konzeptualisieren und die je individuellen Ausgestaltungen deuten zu können.

3.3 Alles sagen, was einem in den Kopf kommt: eine unmögliche Grundregel?

Wenn die Analyse nach einer 1. Phase der probatorischen Annäherung, nach Anamneseerhebung, Diagnostik, Indikationsstellung und Prognose und oft auch nach erfolgreicher Antragstellung bei einer Krankenkasse (vgl. Klußmann 2000) endlich losgehen kann, ist oft überhaupt nicht klar, worum es eigentlich geht. Um eine Orientierungshilfe zu geben, führen Analytiker:innen ihre Patient:innen ein in die sogenannte Grundregel, die Freud (1940a, S. 99) zur Erkundung des Unbewussten entwickelt hat und die von Patient:innen „volle Aufrichtigkeit" fordert und ihnen im Gegenzug „strenge Diskretion" garantiert. Mithilfe der freien Assoziation sollen das absichtsvolle Denken und bewusste Festhalten an einem stringenten, logischen Gedankengang gebremst und verdrängte, unbewusste Wahrheiten zum Vorschein gebracht werden. So, „wie der Analysierte alles mitteilen soll, was er in seiner Selbstbeobachtung erhascht", alles, „was ihm in den Sinn kommt, auch wenn es ihm *unangenehm* zu sagen ist, auch wenn es ihm *unwichtig* oder sogar *unsinnig* erscheint" (Freud 1912b, S. 381), ohne „eine Auswahl zu treffen, so soll sich der Arzt in den Stand setzen, alles ihm Mitgeteilte für die Zwecke der Deutung, der Erkennung des verborgenen Unbewußten zu verwerten, ohne die vom Kranken aufgegebene Auswahl durch eine eigene Zensur zu ersetzen". Patient:in und Analytiker:in einigen sich zu Beginn der Behandlung also auf die Einhaltung der Grundregel, für die Dauer und den Kontext der Behandlung gegenläufige Impulse im Dienste der analytischen Wahrheitsfindung dem Streben nach Wahrhaftigkeit unterzuordnen (vgl. Ebrecht-Laermann 2012, S. 421 ff.).

Die Aufforderung, alles zu sagen, was einem in den Kopf kommt, hört sich zunächst einfach an. Doch wer einmal versucht, sie umzusetzen, merkt schnell, dass sie nicht zu realisieren ist. Zum einen lassen sich gar nicht alle Gedanken im Kopf erhaschen; und zum anderen sind viele oft schon wieder verschwunden, wenn man/frau einen Gedanken erwischt hat. Und wer sagt auch, dass das, was mir gerade bewusst ist, wirklich alles ist, was mir durch den Kopf geht? Insgesamt kann man/frau sagen, dass diese Forderung genau jene psychischen Abwehrprozesse vernachlässigt, die Freud (1914g) als Widerstände der Behandlung beschrieben hat. Und wir wissen ja gut, dass und wie sehr die Wahrheitssuche in der Analyse durch Angst und destruktive Impulse behindert wird. Was Freud mit der Grundregel als Grundlage der psychoanalytischen Arbeit beschreibt, kann zwar als Ideal und Orientierungshilfe gelten, ist aber in der Realität wohl kaum jemals wirklich zu erreichen.

Besonders am Anfang einer Therapie sind die meisten noch gar nicht in der Lage, frei heraus alles zu sagen, was ihnen in den Kopf kommt. Fast alle sind mit unbewussten Widerständen und Ängsten konfrontiert, die sich als Vorstellung melden, was es denn bedeuten könne, die Grundregel einzuhalten. Die einen denken, es würde bedeuten, möglichst geordnet alles zu sagen, was sie für wichtig halten, die anderen denken, sie sollten möglichst chaotische Einfälle äußern. Alle Menschen auf der Analysecouch sind auf unterschiedliche Weise in eigenwilligen Vorstellungen über die Grundregel befangen: Sie überlegen sich vorher, was sie während der Analysestunde sagen wollen, wie sie an die Stunde vorher anschließen möchten, suchen nach Erklärungen statt zu assoziieren, verschweigen, was ihnen unangenehm oder peinlich ist, oder weichen auf scheinbar unwichtige Themen aus. Sie bleiben also eher in ihrer je eigenen Form der Unfreiheit stecken, als befreit sprechen zu können. Daher kann man wohl davon ausgehen, dass zu Beginn einer Behandlung niemand in der Lage ist, der Grundregel zu folgen; andernfalls wäre er/sie schon zu Beginn von seinem Leiden genesen.

Wird das jedoch in der analytischen Deutung mitgeteilt, reagieren die meisten erstaunt, waren sie doch der Meinung, genau das getan zu haben, was die Grundregel besagt. Das ist im Grunde auch nicht verwunderlich, da sich gerade in der Weise, wie jemand in der Analyse spricht, die je eigene Form der Abwehr äußert, die dann zum Widerstand wird. Und hier tut sich erneut ein Paradoxon auf: Tut jemand gerade nicht, was er/sie tun sollte, so tut er/sie eben genau das, was hilft, den eigenen schmerzhaften Wahrheiten auf die Spur zu kommen. Insofern erscheint es mir zutreffend, dass Ogden (1997, S. 91) meint, es sei wichtig für Patient:innen, herauszufinden, ob sie/er in der Lage ist, das zu sagen, was sie/er sagen möchte bzw., „dass [sie/]er nicht in der Lage ist, etwas zu sagen, während [sie/]er hofft, dass der Analytiker ihm [/ihr] helfen wird, einen Weg zu finden, um das in Worte kleiden zu können."

> **Fallbeispiel:** Ein Patient, dessen zentrales Problem an der Oberfläche darin bestand, dass er mit seiner Arbeit „nicht zu Potte kam", brachte zu Beginn seiner Analyse stets Berichte mit, die er mit wohlgesetzten Worten mehrfach hintereinander auf fast identische Weise so schilderte, dass sie mir unlebendig, stagnierend und verschleiernd erschienen. Als ich ihn irgendwann mal darauf hinwies und ihm deutete, dass er damit offenbar den Gedankenfluss anzuhalten suchte, gestand er mir, dass er sich vor jeder Sitzung genau überlegte, was er mit welchen Worten sagen wollte. Als ich dann meinte, dass dies der Grundregel des freien Assoziierens widerspreche, stellte sich heraus, dass der Patient im Gegenteil versucht hatte, meinen Auftrag genauestens zu erfüllen, so, wie er früher versucht hatte, den Anweisungen und Forderungen seines Vaters Genüge zu tun. Im Grunde waren jedoch all seine Äußerungen Versuche, sich eben diesem Reglement zu entziehen und die Autorität des Vaters zu sabotieren.

Doch während Patient:innen das Recht haben, sich durch das Gestrüpp von Abwehr und Unwahrhaftigkeit zu ihrer je eigenen Wahrheit vorzuarbeiten, haben Therapeut:innen die Verpflichtung, sie dabei zu unterstützen und für sich selbst an dem Anspruch auf Wahrheit und Wahrhaftigkeit festzuhalten – so weit und so gut es eben möglich ist. Nicht selten werden Analytiker:innen dabei zu Repräsentant:innen eines in den Patient:innen destruktiv bekämpften Bedürfnisses, die eigene Wahrheit zu erfahren. Gehen wir davon aus, dass die Grundregel 2 Menschen die Möglichkeit gibt, einander wahrhaftig zu begegnen und gemeinsam nach Wahrheit zu suchen, dass sie also eine Offenheit in der Beziehung schafft, dann kann man annehmen, dass, wer zur Analyse kommt, auch an der Wahrheit interessiert ist. Obwohl jemand das vielleicht manchmal nicht wahrhaben möchte oder kann, weiß er/sie im Grunde doch, dass es genau darum geht.

Fallbeispiel: Ein inhaftierter Straftäter sagte mir in der 1. Therapiesitzung: „Ich mache das hier nur, weil ich für die Anstalt den Nachweis einer Therapie brauche, um vorzeitig entlassen zu werden." Ich ging zunächst gar nicht auf die in diesem Satz enthaltene Provokation ein, sondern sagte: „Aber vielleicht können Sie mir ja trotzdem mal erzählen, wo der Schuh drückt." Am Ende der Sitzung war der Patient in Tränen aufgelöst und in mir war die Hoffnung entstanden, dass dies eine sinnvolle und hilfreiche Behandlung werden könnte (was sie dann auch wurde). Bei solchen Äußerungen ist stets das Gegenteil mitzudenken. Und wichtiger, als denjenigen oder diejenige, der/die sie äußert, zu verurteilen oder (was früher oft der Fall war) ihm/ihr die Fähigkeit zur Behandlung abzusprechen, bleibt zu fragen, was sie jeweils für Patient:innen und die therapeutische Beziehung bedeuten. Hätte ich den Patienten wegen seiner provokanten Äußerung abgelehnt, hätte ich seine unbewusste Überzeugung bestätigt, dass er jemand ist, der wegen seiner Schlechtigkeit nichts Gutes erwarten darf. Diese Überzeugung hatte er für sich und andere durch seine Straftaten immer wieder bestätigt.

Allerdings bleibt stets zwischen äußerer und innerer Wahrheit zu differenzieren. Während die äußere Wahrheit auf Faktizität und Zeugenschaft beruht, gelten für die innere Wahrheit andere Kriterien. Im psychischen Bereich bezieht eine Tatsachenwahrheit ihre Gültigkeit aus dem, was Freud (1911b, S. 234; 1925b, S. 14 f.) die „Realitätsprüfung" nennt, nämlich zu entscheiden, ob etwas außer mir ist oder in mir. Die Entscheidung bzw. das Urteil darüber jedoch obliegt der Vernunft. Für Freud (1927c, S. 350) ist es eine Sache des vernünftigen Urteils und nicht des Glaubens: „Es gibt keine Instanz über der Vernunft." Die eigene innere Wahrheit kann sich jedoch auf die Vernunft nicht verlassen, denn im Unbewussten herrschen Freud (1920g, S. 28; 1933a, S. 82) zufolge Irrationalität, Chaos und Widerspruch. Und im Unterschied zu den „Tatsachenwahrheiten" (Arendt 2013, S. 14) der äußeren Realität betrifft die Wahrheit der inneren Realität vor allem die emotionale Tatsache, die sich aus den Triebschicksalen und der Geschichte der jeweiligen Beziehungen zu den eigenen inneren Objekten und Bezugspersonen ergibt, die ihre Wurzeln in denen der frühen Kindheit haben. Bei ihr handelt es sich nicht um ein intellektuelles, sondern um ein gefühlsmäßiges Wissen, das überdies nicht unmittelbar zugänglich ist, sondern von psychischen Abwehrmechanismen verstellt und entstellt wird. Eine wesentliche Aufgabe der psychoanalytischen Arbeit besteht also darin, der eigenen versteckten und verdeckten Wahrheit auf die Spur zu kommen. Daran gemessen ist die Heilung im Grunde ein Nebenprodukt, denn: „Solange wir nichts verstanden haben, haben wir auch nichts ausgerichtet; je mehr wir verstehen lernen, desto mehr werden wir leisten" (Freud 1910d, S. 105). Heilung entsteht aus der Entdeckung der eigenen unbewussten Wahrheit. Sie ist quasi ein Beiprodukt der fortgesetzten Erkenntnisarbeit, deren Ergebnis, aber nicht deren Ziel.

3.4 Wahrhaftiges Lügen und lügenhafte Wahrheit

Freud (1937c, S. 94) besteht ausdrücklich darauf, „dass die analytische Beziehung auf Wahrheitsliebe, d. h. auf die Anerkennung der Realität gegründet ist und jeden Schein und Trug ausschließt." Demnach würde das bewusste Lügen eine analytische Behandlung verhindern. Entsprechend herrschte in der psychoanalytischen Zunft lange die Meinung vor, eine Behandlung könne nur gutgehen, wenn Patient:innen sich absoluter Wahrhaftigkeit verpflichtet fühlten, also wenn sie versuchten, in der Analyse das zu sagen, was sie für die Wahrheit hielten (vgl. Ebrecht-Laermann 2011b). Seit geraumer Zeit setzt sich jedoch zunehmend die Auffassung von Bion (1970, S. 11) durch, „dass die Neigung zum Lügen" „eine Analyse nicht zwangsläufig kontraindiziert". Ich glaube, dass man die Unterscheidung zwischen Wahrheit und Lüge in der Analyse nicht eindeutig treffen kann, auch weil Äußerungen, die bewusst auf Wahrheit zielen, durch die ihnen eigene Abwehrstruktur eine quasi lügenhafte Struktur erhalten können, während umgekehrt eine bewusste Lüge die wahrhaftige Äußerung einer problematischen Objektbeziehung im eigenen Inneren sein kann. Doch neben der absichtlichen, bewusst eingesetzten Lüge gibt es noch die Möglichkeit, sich dem analytisch-therapeutischen Wahrhaftigkeitsgebot durch halbe Wahrheiten, kleine Flunkereien und

Ausreden zu entziehen. Das bewusste Lügen stellt da nur das Extrem dar. Und auch hier fragt sich, was absichtsvoll und bewusst heißt. Denn dass auch eine bewusste Lüge im tiefsten Inneren durchaus einem pathologischen Zwang und einer unbewussten Angst im Denken folgen kann, zeigt die *Pseudologie*, eine Pathologie, bei der Lügner:innen nicht anders können, als zu lügen, und nicht nur andere, sondern auch sich selbst belügt.

Wie also mitunter eine Person, die glaubt, die Wahrheit zu sagen, unbewusst „doch lügt, so kann es durchaus auch sein, dass jemand, der bewusst lügt, unbewusst doch die Wahrheit sagt" (Ebrecht-Laermann 2017, S. 147).

In der rigorosen Auslegung der Grundregel setzt sich somit eigentlich ein moralisches Verdikt über das Lügen durch, wie es in der deutschen Aufklärung etwa von Immanuel Kant (1797) vertreten wurde, dass das Lügen nämlich *in jedem Fall* die moralische Pflicht zur Wahrhaftigkeit verletze und damit die ethische Grundlage der Gesellschaft untergrabe (vgl. Ebrecht-Laermann 2017, S. 135). Doch trotz der überzogenen moralisch begründeten Meinung, Lügen sei schlecht und böse, weil es die analytische Grundregel angreife und damit auch die Psychoanalyse selbst attackiere, ist es in der Tat schwierig, jemanden, der/die auf pathologische Weise lügt, zu analysieren.

Wie schwierig es ist, zwischen normaler psychischer Abwehr und bewusster Lüge zu unterscheiden, zeigt sich in allen Formen bewusster Manipulation der Grundregel und des analytischen Prozesses, die in den meisten Behandlungen unweigerlich auftreten und als eine durchaus wahrhaftige Flucht vor der Auseinandersetzung mit sich selbst verstanden werden können. Doch lässt sich auch diese Flucht vor sich selbst als Suche nach Wahrheit und Wahrhaftigkeit verstehen und im analytischen Prozess verwenden. Denn in der je spezifischen Art der Unwahrhaftigkeit sind jene Spuren zu entdecken, die in der gemeinsamen Arbeit dann zu einer Wahrheit führen können. Man kann also annehmen, dass die Lüge einem destruktiven Prozess und einer falschen, ängstigenden Beziehung (vgl. O'Shaughnessy 1998, S. 61) zwar Einhalt gebieten möchte, beide dadurch aber zugleich auch fördert. Die Lüge ermöglicht es, in der inneren Welt

3.4 Wahrhaftiges Lügen und lügenhafte Wahrheit

vor unzuverlässigen inneren Objekten bzw. Beziehungen zu fliehen, sie auszutricksen, anzugreifen oder gar zu zerstören. Dass sie dann schlimmstenfalls sogar auch in der äußeren Realität wirklich zerstört werden, entspricht dann dem eigenen inneren Beziehungsmodus.

Der seelische Rückzug in den destruktiven Narzissmus (vgl. Steiner 1998), die „Idealisierung der destruktiven Anteile des Selbst" im Lügen, verleiht in der Analyse insofern ein Gefühl von Allmacht (Rosenfeld 1987, S. 29), als er den Triumph über die schmerzhafte innere Wahrheit ermöglicht und die Abhängigkeit von wahrhaftigen Beziehungen verleugnen hilft. Im Lügen wird die analytische Beziehung zwar an der Oberfläche aufrechterhalten, im Untergrund jedoch wird sie destruktiv attackiert. Eine solche Spaltung gibt aber nur bedingt Stabilität und Sicherheit. Denn werden die Lügen aufgedeckt, wird das in ihnen gebundene destruktive Potenzial frei und kann die Psychoanalyse zerstören oder auch eine suizidale Krise zur Folge haben. So kann es etwa durchaus passieren, dass eine Behandlung an einer schwerwiegenden Lüge kaputtgeht, dass ein gemeinsames Verstehen nicht mehr möglich ist, weil das Vertrauen in die Wahrhaftigkeitsfähigkeit des/der anderen Person durch die destruktive Kraft einer Lüge unwiederbringlich zerstört wurde.

Die insbesondere von der Psychoanalyse, aber auch von anderen Therapieformen, eröffnete Möglichkeit einer wahrhaftigen Begegnung zweier Menschen erscheint angesichts vielfach verlogener Beziehungen und festgelegter sozialer Rollen in einer durch und durch auf Sozialtechnik beruhenden Gesellschaft geradezu als Privileg. Das Privileg, eine gewisse Zeit und einen geschützten Raum zur Verfügung zu haben, in dem alles gesagt werden darf, kann aber dann zum machtvollen Zwang eines grausamen Über-Ich werden, wenn es gesagt werden *muss*. So kann ein Verbot des Lügens einen Pakt mit einem grausamen Über-Ich und starren gesellschaftlichen Norm eingehen, die beide die Wahrheitsliebe einschränken. Wird die Wahrheit jedoch wiederhergestellt, ohne die analytische Beziehung zu bedrohen, kann das eine enorme Festigung der Beziehungsfähigkeit und Wahrheitsliebe zur Folge haben.

Rat: Nehmen Sie einen Hang zur Unwahrheit oder zum Lügen nicht automatisch als Kontraindikation für eine Therapie. Therapeut:innen wie auch Patient:innen sollten bei ihrer Arbeit stets zweierlei beachten: den Wunsch nach Wahrheit und Wahrhaftigkeit wie auch den Wunsch, beides zu zerstören. Sie sollten im Blick behalten, dass es beim Auftauchen der eigenen Wahrheit mitunter zu destruktiven Krisen kommt, bei denen entweder die Behandlung auf dem Spiel steht oder eine selbst- bzw. fremdgefährdende Phase folgt. Oft bedeuten solche Krisen jedoch insofern einen Wendepunkt für die Behandlung, als die Beziehung anschließend wahrhaftiger wird, weil etwas sehr Angstbesetztes gemeinsam anerkannt und ausgehalten werden konnte.

3.5 Die psychoanalytische Arbeit: Kunst, Technik oder Intuition?

Doch auch Psychoanalytiker:innen bewegen sich stets in einem höchst widersprüchlichen Aktionsfeld. Einerseits sollen sie offen und zugänglich für die Projektionen und Übertragungen der Patient:innen sein und eigene Interessen sowie Wünsche zurückstellen, andererseits sollen sie in der Lage sein, ihren äußerst komplizierten Beruf so fachgerecht auszuüben, dass es scheint, als täten sie dies gerade nicht. Nicht zuletzt sind Analytiker:innen, wie Freud (1937c, S. 93) schreibt, Personen, „die eine bestimmte Kunst auszuüben gelernt haben und daneben Menschen sein dürfen wie auch andere." Ein Teil der analytischen Kunstfertigkeit und dessen, was in der Ausbildung gelernt wird, bezieht sich darauf, die ganz normalen Fähigkeiten und Fertigkeiten menschlicher Interaktion auf eine besondere Weise kunstvoll anzuwenden: „Zuhören, Denken und Sprechen des Analytikers in der analytischen Situation unterscheiden sich von einer Alltagssituation, und dieser Unterschied macht den Prozess von Analytiker-Werden und Analytiker-Bleiben aus" (Zwiebel 2013, S. 222 f.).

All diese normalen Anteile einer Alltagskommunikation werden im Rahmen von Therapie und Psychoanalyse zu Bestandteilen der sogenannten Behandlungstechnik, die während der Ausbildungszeit in Selbsterfahrung und Supervision erworben und in theoretischen wie kasuistischen Seminaren erlernt werden muss. Mit der sich in der Nachfolge Freuds stetig differenzierenden Einsicht in die Strukturen und Dynamiken der Psyche hat sich sowohl das Verständnis seelischer Krankheiten vertieft und ausdifferenziert als auch die Möglichkeit, mit ihnen umzugehen. Und obwohl jemand aufgrund der Ausdifferenzierung und „kontinuierlichen Weiterentwicklung psychoanalytischen Denkens und Therapierens" (Janssen 2001, S. 492) durchaus zu der Auffassung kommen könnte, dass es so etwas wie „eine einheitliche Theorie und Behandlungstechnik" nicht gibt (Janssen 2001, S. 492), lassen sich aus meiner Sicht doch einige ihrer Merkmale beschreiben.

Da es bei der therapeutischen Tätigkeit im Wesentlichen darum geht, in emotionalen Kontakt zu einem anderen, bedeutsamen Menschen zu kommen und möglichst viel von dessen Unbewusstem wahrzunehmen, aufzunehmen und zu verarbeiten, sind für die alltägliche Arbeit mit Patient:innen Intuition und Empathiefähigkeit erforderlich (vgl. Rudolf 2014, S. 156). Abgesehen davon, dass beides ansatzweise bereits vor der Ausbildung vorhanden sein sollte, wird die Handhabung von Empathie und Intuition in der Ausbildung gefördert, verfeinert und zur therapeutischen Technik ausgebaut. Psychoanalytisch arbeitende Therapeut:innen haben selbst lange Jahre Eigenanalyse hinter sich. Dabei haben sie im Idealfall die Fähigkeit erworben, sich während und auch im Anschluss an die Behandlungsstunden stets und ständig zu hinterfragen und ihre Gefühle zu analysieren, um die Patient:innen zu verstehen und ihnen helfen zu können. Das sogenannte *Nacharbeiten* ist ein wesentlicher Bestandteil der psychotherapeutischen Arbeit. Die Kunst besteht jedoch darin, das Nachdenken über Patient:innen so abgrenzen zu können, dass es den privaten Bereich nicht gänzlich überlagert und die eigene psychische Gesundheit nicht kontaminiert oder gar zerstört. Zugleich ist es aber wichtig, die therapeutischen Beziehungen zu den Patient:innen so in sich aufnehmen und lebendig erhalten zu können, dass sie ein Teil der eigenen inneren Welt werden und sich dort weiterentwickeln können.

In der Behandlung selbst entsteht also die paradoxe Situation einer sehr engen Beziehung zwischen Patient:in und Analytiker:in, die aufgrund ihres behandlungstechnischen Rahmens zugleich etwas sehr Formalisiertes hat und sich dadurch von anderen Beziehungsformen unterscheidet. Wie Patient:innen diese Beziehung empfinden und verstehen, ist wichtig für die gemeinsame Erkenntnisarbeit. Dass und wie sie darunter auf ihre je spezifische Art leiden, bildet einen Antrieb sowohl für Selbsteinsicht und Besserung als auch für die permanente Weigerung, sich mit dem eigenen Leiden und dessen Gründen auseinanderzusetzen. Beides ist wichtig und beides gilt es zu beachten. Nur im Zusammendenken von positiven und negativen Aspekten entsteht Einsicht. Falsche Erkenntnis und falscher Trost erscheinen zwar oft als vermeintlich ruhige, sichere psychische Orte, was sich allerdings rasch als trügerische Haltung herausstellt. Psychische Arbeit hat primär mit konfliktreichen Situationen und Gefühlen zu tun, die zwar thematisiert und bearbeitet werden müssen, die aber nicht in Handlung und konkrete Befriedigung aufgelöst werden dürfen, weil sie einen entscheidenden Entwicklungsantrieb in der Arbeit mit den Patient:innen bilden.

Mittel der deutenden Bewusstmachung ist also das Sprechen. „Die Psychoanalyse ist eine Redekur" (Scharff 2007, S. 841) oder mit Freuds erster Patientin Anna O. eine „talking-cure" und ein „chimney-sweeping" (Breuer und Freud 1895, S. 27). Dass es sich hierbei um eine symbolische Sprache handelt, zeigt sich daran, dass alles, was gesagt wird, vielschichtig ist und den Mechanismen der Traumarbeit unterliegt, als da sind: Verdichtung, Verschiebung und Darstellbarkeit. Alles, was gesagt wird, bedarf also der Entschlüsselung im Hinblick auf den theoretischen Rahmen und muss auf seine emotionale Bedeutung innerhalb der analytischen Beziehung hin befragt und gedeutet werden. Das kann freilich nicht ad hoc geschehen und hat nichts mit Hellseherei oder Wahrsagerei zu tun, wie manche meinen. Es orientiert sich strikt an dem im analytischen Raum Repräsentierten, dem Gesagten und dem emotional wie szenisch Dargestellten.

Die analytische Arbeit findet statt in einem „Zwischenbereich des Erlebens" (Winnicott 1971, S. 116), in dem wir den Geistern aus der Vergangenheit unserer inneren wie auch unserer äußeren Welt begegnen. Dieser symbolische Übergangsraum, „der zwischen Traum und Realität liegt" (Winnicott 1951, S. 196), ist ein Bereich, der die beiden Sphären der inneren und der äußeren Welt trennt, aber auch verbindet. Er bildet eine von allen Menschen geteilte intersubjektive Sphäre „illusionärer Erfahrungen", in denen

Fantasien und Emotionen der inneren Welt in symbolische Formen von etwa Spiel, Religion und Kunst eingefügt und erfahrbar gemacht werden können. Diese Sphäre verweist auf den phantasmatischen Charakter der inneren Objekte, um den es bei der Beziehungsanalyse in der Behandlung geht. Dementsprechend erscheint die Übertragungsanalyse als Umgang mit einer Realität, die keine dinglich reale ist, sondern nur eine fantasierte Realität.

Gefragt ist und gehört werden muss zunächst immer der/die Patient:in. Ohne ihn/sie und seine/ihre Versuche, sich auszudrücken, gibt es weder Therapie noch Analyse, sondern nur Miss-Verstehen oder gar Missbrauch (sogenannte *wilde Analyse*). Bei dem „Austausch von Worten zwischen dem Analysierten und dem Arzt" (Freud, 1916–17a, S. 9) handelt es sich aber weniger um ein Gespräch zweier in einem abgeschlossenen Raum befindlicher Menschen *mit*einander, als vielmehr darum, dass einer der beiden spricht und der andere versucht, das Gesprochene aufzunehmen, emotional zu verarbeiten und auf eine ganz besondere, theoriegeleitete Weise zu verstehen und zu deuten. Das Deuten wird einerseits als Technik der psychoanalytischen Therapie verstanden, andererseits aber auch als „Kunst" (Ogden 1997) oder „Deutungs-Kunst" (Loch 1993). Die Deutungskunst ist wohl das schwierigste an der therapeutisch-analytischen Arbeit und nur am eigenen Leibe bzw. der eigenen Seele zu erlernen. Sie wird von Analytiker:in zu Patient:in weitergegeben und von einer Generation zur nächsten tradiert.

Idealiter heißt Deuten, weder Ratschläge zu geben noch sich mit Patient:innen auf rationale Erörterungen einzulassen. Das heißt nicht, dass man während der Arbeit nicht beides unter Umständen auch fälschlicherweise macht oder mitunter auch richtigerweise machen sollte. Es hängt, wie so vieles, von der konkreten Situation ab. Freud (1910d, S. 105) zufolge besteht der „Mechanismus unserer Hilfeleistung (...) aus zwei Stücken, aus dem, was der Arzt errät, und dem Kranken sagt, und aus der Verarbeitung dessen, was er gehört hat, von Seiten des Kranken. (...) wir geben dem Kranken die bewußte Erwartungsvorstellung, nach deren Ähnlichkeit er die verdrängte unbewußte bei sich herausfindet."

In ihren Deutungen versuchen Analytiker:innen also etwas zu formulieren, was sie glauben, von den Patient:innen und ihrer Psychodynamik verstanden zu haben: von den Gefühlen und Affekten, den alltäglichen Problemen, den inneren Konflikten, unbewussten Fantasien, Objektbeziehungen etc. Dabei verwenden Analytiker:innen ihr theoretisches sowie klinisches Wissen sowie die Rahmenbedingungen als Kompass. Sie versuchen, herauszufinden, in welchem psychischen Raum bzw. unbewussten Beziehungsgeflecht Patient:innen sich gerade befinden und wie sie damit umgehen. Je nachdem, ob man/frau Patient:innen etwas über die eigenen Gefühle und Konflikte mitteilen oder sie auf Aspekte ihrer Objektbeziehungen aufmerksam machen möchte, wird zwischen „patientenzentrierten" und „analytikerzentrierten" Deutungen (Steiner 1998, S. 191 ff.) unterschieden, das heißt, dass zum einen das Selbsterleben der Patient:innen im Zentrum der Deutung steht, zum anderen die jeweilige Bedeutung der Analytiker:innen.

Fallbeispiel: Herr P., ein mitunter recht gewalttätiger Patient, donnerte nach längerer Zeit gemeinsamer Arbeit in einer Sitzung plötzlich und unvorhersehbar so stark mit der Faust gegen die Wand neben der Couch, dass ich dieses im Sinne einer symbolischen Gleichsetzung als gewalttätigen Akt mir gegenüber verstehen musste. Hätte er statt der Wand meinen Kopf erwischt, wäre von dem nichts übrig geblieben. Da ich, schreckensstarr wie ich war, nicht verstand, was geschehen war, und vor allem, warum, da ich aber gleichzeitig große Angst hatte, sagte ich sehr entschieden: „Herr P.! Das geht aber nicht!" Er entgegnete: „Doch. Ich muss das machen. Ich kann nicht anders." Daraufhin sagte ich: „Zu Beginn der Behandlung wäre das vielleicht so gewesen ... Aber jetzt können Sie anders." Als wir dann anschließend nach einem Setting-Wechsel im Sitzen über das Geschehen nachdenken und sprechen konnten, erfuhr ich, dass er sich zuvor von mir unmittelbar angegriffen gefühlt hatte durch meinen Hinweis, es falle ihm offenbar schwer, die herabsetzende Bemerkung eines Bekannten, er sei ein Schwächling, von sich fernzuhalten. Ich hatte nicht verstanden, dass er diese Deutung ebenfalls im Sinne einer symbolischen Gleichsetzung als Totschlagargument aufgefasst hatte, als Bestätigung seiner unbewussten Überzeugung, ein Schwächling zu sein. Später erfuhr ich, dass Herr P. als Kind so schlecht versorgt worden war, dass er fast verhungert wäre. Immer noch hatte er das Gefühl, dünn und schwach zu sein, obwohl der erwachsene Mann inzwischen muskulös und stark aussah. In seiner Wahrnehmung hatte ich ihn also wieder in diesen Zustand eines schwachen, halbverhungerten Kindes gebracht. Meine auf seinen Schlag folgende Deutung versetzte ihn dann jedoch in unsere aktuelle Beziehungsrealität: Tatsächlich war er ja inzwischen stärker geworden.

3.5 Die psychoanalytische Arbeit: Kunst, Technik oder Intuition?

Insofern Analytiker:innen sich darum bemühen, in etwas einen Sinn zu finden, was zunächst sinnlos oder widersinnig erscheint, ist dies in der Tat eine hochkomplizierte, fast unmögliche Arbeit. „Deuten heißt einen verborgenen Sinn finden", schreibt Freud (1916–17a, S. 83). Die Suche nach dem verborgenen, unbewussten Sinn rückt die Tätigkeit von Analytiker:innen metaphorisch in die Nähe von Chirurg:innen (Freud 1916–17a, S. 186), Mitspieler:innen (Bohleber 2012, S. 41 ff.) oder auch Detektiv:innen (Haubl und Mertens 1996), wobei die Arbeit von Analytiker:innen jedoch mit dem Entschlüsseln des Sinns nicht aufhört, sondern eigentlich erst beginnt. Denn sie haben die Aufgabe, Patient:innen das, was sie glauben, verstanden zu haben, so mitzuteilen, dass es etwas von deren Problemen trifft und ihnen ermöglicht, den mitgeteilten Sinn zu verstehen und für die eigene Entwicklung zu verwenden.

Die Arbeit des Sinnverstehens vollzieht sich an dem, was sich in der konkreten Beziehungssituation in der Übertragung zwischen Patient:in und Analytiker:in herstellt. Freud (1912b, S. 374) zufolge findet die analytische Behandlung an „Übertragungsphänomenen" statt, in denen sich Beziehungsdynamiken und Gefühle aus früher Kinderzeit wiederholen, indem sie aktualisiert und auf die Beziehung zu Analytiker:innen übertragen werden. Übertragung heißt auch, dass Patient:innen das, was ihnen in ihrem Alltagsleben Probleme bereitet, also unbewältigte unbewusste Konflikte und Gefühlskomplexe, im Analyseraum in der aktuellen Beziehungssituation wiederholt bzw. wiederaufleben lassen. Genauer gesagt entsteht unter den Bedingungen des therapeutischen Rahmens und der analytischen Arbeit eine Art Brennglassituation, in der das auch im realen Leben Problematische gebündelt und sichtbar sowie verstehbar gemacht wird.

Die Inhalte der Deutungen orientieren sich an dem, was Analytiker:innen aus ihrer Analyse der Übertragungs- und Gegenübertragungsprozesse in der Behandlung zu erkennen meinen. Psychoanalytiker:innen ihrerseits versuchen, die Projektionen und Gefühle der Patient:innen in sich aufnehmen und als Übertragungen von eigenen Gegenübertragungsreaktionen zu trennen. Während Freud (1910d, S. 108) noch davon ausging, dass die Gegenübertragung „durch den Einfluss des Patienten auf das unbewusste Fühlen des Arztes" entsteht, sodass dieser sie „in sich erkennen und bewältigen müsse", so gilt sie heute weitestgehend als das wichtigste Instrument von Analytiker:innen für die Erforschung des Unbewussten ihrer Patient:innen, das einen direkten Kontakt vom Unbewussten der Analytiker:innen zum Unbewussten der Patient:innen ermöglicht. Mit Freud (1912e, S. 371) wird in der Psychoanalyse grundsätzlich zwischen positiver und negativer Übertragung unterschieden. Während die positive Übertragung die liebevollen, „zärtlichen" Gefühle aktualisiert, aktiviert die negative Übertragung die „feindseligen", destruktiven Anteile früher Objektbeziehungen. Dementsprechend verstand Freud (1912b, S. 366) die Übertragung nicht nur als *„stärkste(n) Widerstand* gegen die Behandlung", sondern auch als „mächtigste[n] Hebel des Erfolgs." Freud (1912b, S. 357)

3.6 Der analytische Prozess: Wiederholung und Langsamkeit als Wege des Fortschritts

Psychotherapie dauert ihre Zeit – abhängig vom jeweils angewandten Verfahren und äußeren Rahmenbedingungen, den zur Verfügung stehenden finanziellen Mitteln und eigenen Lebensbedingungen sowie den dabei zum Einsatz kommenden technischen Verfahren dauert sie mehrere Monate oder einige Jahre. Psychoanalyse dauert hingegen sehr lange, manchmal mehr als 10 Jahre mit einer Stundenfrequenz von 4- bis 5-mal die Woche. Damit steht sie quer zu der von Hartmut Rosa (2005, S. 15) beschriebenen Veränderung in den „Temporalstrukturen der Moderne." Während Rosa (2005, S. 41) zufolge gegenwärtig alles „im Zeichen der Beschleunigung (...) von Prozessen und Ereignissen" steht, die eine paradoxe Struktur von „sozialer Beschleunigung" und „gesellschaftlicher Erstarrung" (Rosa 2005, S. 41) hervorbringt, verkörpert die Psychoanalyse Langsamkeit, Beharrlichkeit und Entwicklung. Insofern nimmt es nicht Wunder, dass ihr dies gerade vorgeworfen wird.

Angesichts des rasanten gesellschaftlichen Wandels der letzten Jahrzehnte wirkt Psychoanalyse eher unmodern. Schnellere und vermeintlich effektivere Therapieformen wie die VT oder die TP werden ihr gegenüber oft bevorzugt. Von Patient:innen wie auch

Therapeut:innen fordert sie ein hohes Maß an Leidensfähigkeit, Zuverlässigkeit, Eindeutigkeit und Klarheit und zugleich die größte mögliche Ambiguitätstoleranz. Oft haben Patient:innen einen langen Leidensweg hinter sich, der sie von einer Kurzzeittherapie zur nächsten geführt hat, bevor sie sich dann doch entschließen, den längeren und langsameren, den mühsameren Weg zu gehen. Und während in der Gesellschaft gegenwärtig eine Entgrenzung sozialer Räume zu verzeichnen ist, die von den Einzelnen im höchsten Maße nicht nur zeitliche, sondern auch räumliche Flexibilität verlangt, bleibt die Psychoanalyse strikt an einen Ort gebunden, ist sie doch dem Anspruch verpflichtet, einen geschützten Raum zur Verfügung zu stellen, aus dem gerade nichts nach außen dringt. Diskretion, Langsamkeit, Nachdenklichkeit, Vorläufigkeit, Nichtwissen und Rekonstruktion von Komplexität sind wichtige Funktionen von Psychoanalyse.

Aber es geht nicht anders: Psychoanalyse ist ein entbindendes Prozessgeschehen, das zwar nach bestimmten Regeln und Mechanismen verläuft, dessen Verlauf aber vorab nicht voraussehbar ist, und das beiden, Analytiker:in wie auch Patient:in viel abverlangt: neben Geduld und Beharrlichkeit vor allem auch die Bereitschaft, Unsicherheit, Nichtwissen und Angst zu ertragen. Intuitiv wissen Menschen, die in Analyse kommen, dass sie ihr psychisches Gleichgewicht verlieren und in extreme, mitunter katastrophische Zustände geraten werden, obwohl es ihnen doch schon so auch hinlänglich schlecht geht. Und das heißt: Psychoanalyse schafft zunächst dort Unsicherheit, wo Sicherheit gesucht wird. Insofern ist es nicht unbegründet, dass diejenigen, die sie suchen, sie zugleich fliehen und vor ihr Angst haben. Man/frau könnte sogar behaupten, dass die zentrale Errungenschaft der Psychoanalyse darin besteht, dass sie diejenigen, die es gewagt haben, sich ihr auszusetzen, dazu befähigt, Unsicherheit und Angst auszuhalten.

Zunächst einmal kommen Patient:innen als Leidende, die hoffen, schnell und nachhaltig von den schwierigen Gefühlen, Lebenssituationen oder Zwängen, die ihre Leiden vermeintlich verursachen, befreit zu werden. Gleichzeitig glauben sie aber nicht daran, dass eine solche Befreiung möglich sei, gerade weil sie ja unter dem, was ihr Leben und ihre Lebendigkeit zu hemmen und zu hindern scheint, leiden und überzeugt sind, die Ursache dieses Leidens gerade *nicht* herausfinden zu können. Aus dieser paradoxen Situation sollen Analytiker:innen einen Ausweg finden. Das aber geht nur gemeinsam mit den Patient:innen und mithilfe eines analytischen Instrumentariums, das den Stellenwert einer Art „klinischen Vernunft" besitzt und eine 3. Position zwischen Analytiker:in und Patient:in darstellt. Im „Erleben des analytischen Dritten durch Analytiker und Analysand wird die ‚Strömung' der unbewussten inneren Objektwelt des Analysanden verstanden und (schließlich) verbal symbolisiert" (Ogden 1997, S. 107).

Analytiker:innen werden also versuchen, den Patient:innen zu helfen, ihre schwierigen Gefühle so weit zu erkunden und kennenzulernen, dass Angst und Schmerz aushaltbar sind und mehr Freiheit im Denken, Fühlen und Handeln entstehen kann. Doch bis dahin ist es ein langer Weg. Für den allerdings gilt: Der Weg ist bereits ein Ziel. Denn je mehr Patient:in und Therapeut:in sich den unbewussten Prozessen annähern, desto deutlicher wird spürbar, dass es sich hierbei bereits um ein spannendes, erfüllendes Erleben handelt, welches die Hilfesuchenden aus Leblosigkeit und Erstarrung befreien und zu mehr Lebendigkeit und innerer Beweglichkeit führen kann. Je mehr jedoch von den durch Abwehr und Widerstand gebundenen Bedürfnissen und Wünschen entbunden wird, desto heftiger kommt die vormals erstarrte, leblose innere Welt in Bewegung. Paradoxerweise wird also die äußere Langsamkeit des analytischen Settings von einer Zunahme innerer affektiver Geschwindigkeit begleitet.

Trotz aller Langsamkeit ist die Psychoanalyse über weite Strecken wie eine Achterbahn – ist man/frau erst einmal drin, kann man/frau nicht einfach aussteigen, ohne Schaden zu nehmen. Ein ständiges Auf und Ab, eine Bewegung zwischen Angst und Hoffnung, Fall und Aufstieg – schwindelerregend über dem Abgrund, voller Angst vor dem Absturz. Im Auf und Ab der Übertragungsbeziehung entwickelt sie eine spezielle, gegenläufige Geschwindigkeit – schnell und langsam zugleich. Die Langsamkeit ist notwendig, um die Geschwindigkeit aushalten und auffangen zu können. Menschen, die erlebt haben, fallengelassen worden zu sein oder auseinanderzufallen, brauchen einen längerfristig haltgebenden Beziehungsrahmen, um das Auseinandergefallene wieder zusammenfügen und den Absturz abfangen zu können. Insofern ist der analytische Prozess also kein gleichförmiges, gesetzmäßig ablaufendes Geschehen, sondern von in Gleichzeitigkeit, mäandernden Drehungen, Wendungen, schlingernden Wiederholungen und rasch oder auch langsam wechselnden Entstellungen etc. gekennzeichnet.

In der Arbeit von Stunde zu Stunde geht es konkret darum, emotionale Dynamiken und Strukturen früher Objektbeziehungen im Behandlungsraum emotional wieder erstehen zu lassen, sie zu verstehen und nötigenfalls zu verändern. „Struktur" ist hier im Sinne von Beland (2008, S. 27) „als Primat einer zentralen [oder verbindenden] Bedeutung (Wunsch, Tendenz, vorherrschende Objektbeziehung)" zu verstehen und „Strukturveränderung" „als Bedeutungswandel." Das ist deshalb so mühsam, weil Bedeutungsverschiebungen oft minimal erscheinen, weil sich aber fehlende Verbindungsstücke in diesem Bedeutungsgefüge insofern rächen, als sie die Gefühls- und Verstehensevidenz behindern. Langsamkeit, Sorgfalt und Genauigkeit haben also ihren guten Grund in der Nachvollziehbarkeit und Wirksamkeit von Gefühl und Verstehen.

Dabei ist der oben bereits erwähnte Behandlungsrahmen unbedingt erforderlich, um Abwehr und Widerstand erkennbar oder überflüssig zu machen oder wenigstens zu mildern. Der Rahmen fungiert gleichsam als eine Art Schablone, eine idealtypische Konstruktion von Normalität, die man anlegt, um Abweichungen erkennen, benennen und bearbeiten zu können. Der Rahmen ist also ein Erkenntnisinstrument und nicht, wie ihn Patient:innen oft empfinden, ein Mittel von Disziplinierung und Bestrafung. Ebenso wenig ist er als reales Ziel korrekten Verhaltens gemeint, sondern er wird in dem Bewusstsein benutzt, dass man ihn ohnehin nie wird einhalten können. Nie zu spät kommen zu wollen, kann genauso ein Problem sein, wie immer zu spät kommen zu müssen. Es geht dann jeweils darum, die spezifische Bedeutung dieses Problems zu erkennen. Hier tut sich also der Widerspruch auf, dass man einen Maßstab anlegt, der nicht einzuhalten ist und der von den Patient:innen auf eine spezifische Weise emotional empfunden wird: als grausam, zudringlich, unsicher, unterstützend, starr etc.

Während einer Behandlung tauchen manchmal überzogene Wünsche und Vorstellungen auf. Etwas, was sich nicht gerade selten findet, ist der fordernde Wunsch, schnell und plötzlich von allem Leiden und allen Problemen befreit zu werden (vgl. Ebrecht-Laermann 2007). Die/der Analytiker:in, so lautet die Forderung, möge „den Schalter umlegen" oder eine Zauberformel entdecken, die die Konflikte der eigenen Lebensgeschichte auf den Punkt bringt und das Leiden schnell und unkompliziert beseitigt. Sie/er soll mit einer plötzlichen Erkenntnis die Leidensursache (möglichst ein reales Trauma) entdecken und durch diese Erkenntnis das empfundene Leid und das Unglück unschädlich machen, wie eine/ein Heilsbringer:in Erlösung bewirken. Erlösung wird nicht selten dadurch erhofft, dass die Psychoanalyse den Wunsch nach einer lang ersehnten Partnerschaft, nach einem eigenen Kind oder dem richtigen Beruf erfüllt. Doch so einfach ist das nicht. Das Einzige, was Analytiker:innen tun sollten, ist analysieren. Alles andere müssen die Patient:innen machen. Der wesentliche Teil der Behandlung besteht darin, den emotionalen Weg genau und akribisch nachzuverfolgen, den die individuelle Pathologie, die eigenen Triebschicksale, in jede Windung der Gedanken und Gefühle genommen hat. Gegen diese Genauigkeit und Gefühlsintensität richtet sich der Widerstand von Patient:innen wie auch der der Analytiker:innen.

Der Widerstand ist meist unbewusst und versucht, schlimmstenfalls im Sinne einer negativen therapeutischen Reaktion die Behandlung insgesamt zu zerstören bzw. jegliche Besserung zu verhindern, aus Angst davor, was in ihnen auf dem Weg zur Besserung lebendig werden könnte. Im Widerstand wiederholen bzw. konstatieren sich die auf frühkindliche Objektbeziehungen zurückgehenden Abwehrformationen der Patient:innen. Dabei kann es durchaus zu besonders intensiven aktuellen Beziehungserfahrungen so genannten Präsenzmomenten (vgl. Nissen 2024) oder auch einzelnen Wendepunkten (vgl. Nissen 2021) kommen, in denen das langsame Bearbeiten von Widerständen kulminiert und eine plötzliche Veränderung freisetzt beziehungsweise sichtbar werden lässt. Bei genauerer Betrachtung dürfte sich allerdings meist herausstellen, dass derartige, vermeintlich plötzliche Ereignisse von langer Hand vorbereitet wurden, ohne bereits klar zutage getreten oder sichtbar geworden zu sein.

Fallbeispiel: Ein Patient, der bereits seit mehreren Jahren zu einer modifizierten Psychoanalyse, also 2-mal pro Woche, zu mir kam, hatte unter anderem das Problem, immer wieder in Geschäften und Supermärkten etwas unbezahlt mitnehmen zu müssen. Während der Patient seit geraumer Zeit nachhaltig darüber klagte, weder eine Arbeit noch eine feste Beziehung zu haben, sodass ich es schon fast aufgegeben hatte, seinen Hang zum Klauen mit ihm bearbeiten zu können, kam ich in einer Sitzung mal wieder darauf zu sprechen, dass er mit dem Klauen gewisse Probleme vor mir verstecke, um sie nicht annehmen zu müssen. Daraufhin schaute er mich erstaunt an und stellte klar, dass er doch schon lange nicht mehr geklaut habe. Indem er mich nicht über das Verschwinden des Symptoms informiert hatte, sagte ich, wolle er wohl uns beide, aber insbesondere mich, um den Erfolg der Therapie berauben. Nein, entgegnete er vehement, die Therapie sei das Beste, was ihm in seinem Leben passiert sei, und er habe umgekehrt Angst, dass *ich* es ihm wegnehmen könnte, wenn er keine Symptome (wie eben das Klauen) mehr hätte. In der Folge konnten wir sein schlechtes Selbstgefühl und seinen destruktiven Neid so weit bearbeiten, dass der Hang zum Klauen verschwand und einer etwas anspruchlichen, aber durchaus zufriedenen Beziehungsfähigkeit Platz machte.

Die Erfahrung der Analyse bedeutet auch die Begegnung mit dem, was Melanie Klein (1932) die gute und die böse Brust nennt, mit guten und schlechten Erfahrungen. Das wiederum setzt voraus, dass, vereinfacht gesagt, sich eine Krankheitseinsicht entwickelt hat im Sinne einer Einsicht darüber, wie und warum ich das Gute in mir und dem anderen trotz aller Sehnsucht und Heilerwartung immer wieder beschädige und zu zerstören suche. Denn wohl ebenso sehr wie das Gute, wird oft auch das Glück in der Analyse gefürchtet, etwa, weil es vergänglich und endlich ist oder weil es sich nicht kontrollieren lässt, sondern plötzlich und unerwartet erscheint, weil es überwältigend wirkt, unerreichbar bleibt oder aber weil der/die Analytiker:in nicht glücklich sein soll, da man/frau selbst dann darauf neidisch sein müsse. Daher kommt es nicht eben selten vor, dass der „analytische Prozess vom Ich selbst *auch* als etwas Bedrohliches erfahren wird" (Schneider 2005, S. 81). Insbesondere, wenn die „Person als ganze" und in ihrem Kern infrage gestellt wird (Schneider 2005, S. 83), kann es passieren, dass die/der Analytiker:in als „identitätsbedrohlicher Feind" (Schneider 2005, S. 106) erscheint.

3.7 Affekte und Gefühle in der Behandlung: Irrwege oder Orientierung?

Psychotherapie und Psychoanalyse sind zuweilen schmerzhaft, mitunter auch beglückend, in jedem Fall aber ängstigend. Und es ist durchaus berechtigt, dass eine Therapie Angst macht, wie anfangs beschrieben. Denn in ihr werden Geister beschworen, die bis dahin lange in den Untergrund verbannt regungslos ihr Dasein gefristet haben. Durch die Arbeit mit Übertragung und Gegenübertragung tauchen sie in der analytischen Beziehung wieder auf und konfrontieren eine Person mit zuvor kaum bewusst wahrgenommenen schwierigen Gefühlen und Affekten, seien sie positiv oder negativ. Das liegt an den intensiven emotionalen Prozessen, die angeregt werden, indem seelische Fixierungen befreit und infantile Konflikte wiederbelebt werden (vgl. Rudolf 2014, S. 26 ff.). Sie machen eine Behandlung zu einem Wagnis.

Angst ist ein Affekt, jedoch nicht der einzig schwierige Affekt in einer Therapie. Heute geht man/frau von einer affektiven Grundausstattung aus, die beim Menschen von Geburt an vorhanden ist. Zu ihr zählen Angst, Freude, Ärger, Traurigkeit, Ekel, Überraschung und Neugier bzw. Interesse (vgl. Solms 1996; vgl. Ebrecht-Laermann 2014, S. 11 ff.). Freud unterteilt Affekte in gute Affekte, die Lust bereiten, und schlechte Affekte, die Unlust erzeugen, wie Spannung, Schmerz, Trauer und Angst (vgl. Freud 1915c). Aber lassen sich auch Gefühle so klar zuordnen wie Affekte? Wie ist es z. B. mit Gefühlen wie Bewunderung, Anerkennung und Mitleid? Die scheinen in der Mitte zwischen positiv als lustvoll und negativ als unlustvoll bewerteten Gefühlen zu stehen. Und was ist mit Trauer und Schmerz? Unter Umständen ist es heilsamer und besser, sie empfinden zu können, als sie gar nicht zu verspüren, weil sie mit schier unüberwindlichen Schwierigkeiten verbunden zu sein scheinen. Dann könnte man aber schwierige Gefühle wie Trauer und Schmerz durchaus auch als gute Gefühle bezeichnen.

3.7 Affekte und Gefühle in der Behandlung: Irrwege oder ...

Fallbeispiele: Zu Beginn der Analyse sagte ein Patient versonnen: „Das ist so ein Ding mit den Erinnerungen: Es kommen ja nicht nur Bilder, sondern auch Gefühle. Und das ist schwierig. Ich möchte ja die Analyse machen, aber ich habe auch Angst davor." Und diese Angst war nicht unberechtigt. Denn der Patient hatte später während seiner Sitzungen mitunter heftigste Affektstürme, die wie ein Unwetter über uns hereinbrachen und alles zu zerstören drohten. „Ich will so nicht sein, aber es geht nicht anders. Es ist so heftig. Und dann wird es immer ganz schrecklich", sagte er in einer anderen Stunde und beschrieb damit, wie die schwierigen Gefühle aus vergangenen Beziehungserfahrungen immer wieder von ihm Besitz ergriffen. Je besser er aber über diese Gefühle sprechen konnte, desto milder wurden sie.

„Ich fühle mich völlig taub und unlebendig. Was sind eigentlich Gefühle?" fragte eine Patientin, die während einer Analyse immer wieder in eisige Gefühlsstarre verfiel. Gegen Ende der Behandlung sagte sie: „Jetzt habe ich auch wieder Gefühle und weiß, was sie bedeuten. Das war eine ganze Zeit lang gar nicht so. Aber das macht es auch nicht besser." Und: „Ich habe gedacht, es wird mit der Therapie immer besser, aber jetzt geht es mir eigentlich auch oft schlechter."

Warum bewerten wir eigentlich ein Gefühl? Im Grunde tun wir das kontinuierlich und schaffen uns damit eine Orientierung: Dieses Gefühl darf in dieser spezifischen Situation sein und jenes nicht, dies kann ich äußern, jenes sollte ich besser nicht zu erkennen geben. Gefühle bilden eine Matrix sozialer Orientierung, die wir im Alltag wie einen Kompass ganz selbstverständlich verwenden. Doch neben den sozial erwünschten und eher unerwünschten Gefühlen werten wir auch zwischen solchen, die wir persönlich schätzen, im Unterschied zu solchen, die wir gar nicht mögen. Die soziale und die persönliche Wertung stimmen nicht unbedingt überein: So regt die eine sich gern auf und mag Wut durchaus nicht ungern, während der andere solche Erregungszustände fürchtet; und während einige Menschen Kränkungen, Feindseligkeiten und Missachtung ganz und gar nicht ertragen können, stellen sie für andere in Beziehungen nicht nur kein großes Hindernis, sondern geradezu eine Herausforderung dar.

Man könnte daher meinen, dass wir Gefühle nicht nur dazu nutzen, uns in unseren sozialen Beziehungen bzw. an ihnen zu orientieren, sondern auch dazu, sie in unserem Sinne aktiv zu gestalten. Mithilfe von Gefühlen setzen wir uns zu anderen in ein Verhältnis, mithilfe von Gefühlen definieren wir dieses Verhältnis. Daher nimmt es nicht Wunder, dass wir den Gefühlen Namen geben und unterstellen, dass andere verstehen, was wir etwa mit Liebe, Hass, Wut, Ehrfurcht etc. meinen. Bei Lichte besehen erscheint das freilich merkwürdig, weil wir ja wissen könnten, dass diese Namen bei Menschen nie dasselbe bezeichnen. Denn woher weiß ich, dass jemand anders etwa mit Liebe oder Hass das gleiche meint wie ich? Diese Schwierigkeit resultiert daraus, dass Gefühle Empfindungen bezeichnen, die aus der psychischen Innenwelt stammen. Insofern sie also etwas ganz Persönliches markieren, sind sie individuell unterschiedlich.

Trotzdem haben wir im Laufe unserer Entwicklung mithilfe unserer frühen Liebesobjekte gelernt, den Gefühlen Namen zu geben und sie zu identifizieren. Ihren Namen und ihre Bestimmtheit bekommen Gefühle also erst, wenn sie aus dem individuellen psychischen Innenraum heraus in einen sozialen Kontext eingefügt und so kommunizierbar gemacht werden, wenn sie also etwa durch Spannung in einer Beziehung oder durch Sichtbares und Hörbares wie Gestik, Mimik, Verhalten oder Worte zum Ausdruck kommen. Die Benennung von Gefühlen entsteht in Relation zwischen einem Subjekt und einem äußeren Objekt, wohingegen das Gefühl selbst im Inneren eines Subjekts entsteht, wenn die fantasierte oder reale Vorstellung eines Objekts auf eigene Triebwünsche trifft und Affekte erzeugt.

Freud (1926d, S. 162 f.) zufolge sind Affekte „Reproduktionen alter, lebenswichtiger, eventuell vorindividueller Ereignisse." Er hatte nämlich entdeckt, dass Affektrepräsentanzen der Triebe im Unterschied zu Vorstellungsrepräsentanzen nicht der Verdrängung unterliegen, sondern dass sie allenfalls unterdrückt bzw. an der Entwicklung gehindert werden können (vgl. Ebrecht-Laermann 2014, S. 19 f.). Affekte sind also die Dinosaurier der Seele. Sie sind gleichsam die allerersten und frühsten Erinnerungen, die im vorsprachlichen Bereich entstanden sind und somit Auskunft über die ganz frühen Entwicklungszeiten der Seele geben. Damit eine

Analyse gelingt, müssen sie aus ihrem Schlaf geweckt und aus der Tiefe der Seele an die Oberfläche gebracht werden. Entstammen Affekte demzufolge der vorsprachlichen Vergangenheit der Seele, so verleihen Gefühle ihnen Aktualität, Sinn und Bedeutung. Gefühle repräsentieren also die bewussten oder auch unbewussten Bedeutungen von Affekten im Subjekt und können als deren Aktualisierungen aufgefasst werden.

Da der Trieb nach Freud (wie bereits gesagt) nicht nur eine Quelle im Körper, sondern auch ein Objekt hat, an dem er sich zu befriedigen sucht, stellt der Affekt eine Beziehung zwischen dem Körper des Subjekts und einem Triebobjekt her: Das erste und ursprüngliche Objekt, um welches sich die Affekte zentrieren, ist die Mutterbrust. Melanie Klein (1932, S. 161) zufolge werden die primären unbewussten Beziehungsfantasien über gute und böse Objekte (die gute und die böse Brust) in die Außenwelt projiziert, dort mit der Wahrnehmung konkreter äußerer Objekte verbunden und über Identifikation mit diesen Objekten wieder verinnerlicht, reintrojiziert. Durch diesen Mechanismus der *projektiven Identifizierung* kommt es dann dazu, dass die je aktuellen Beziehungen und Gefühle von alten, affektiv bestimmten unbewussten Beziehungsfantasien durchzogen sind, die den frühen Objekten gelten. Affekte sind also stets in soziale Beziehungen und Interpretationsmuster eingebettet. Sie bilden eine Brücke zwischen Subjekt und Objekt und helfen, den äußeren Objekten in der psychischen Innenwelt eine Bedeutung zu verleihen.

Die Erkenntnis, dass Gefühlstörungen von Objektbeziehungen aus der kindlichen Urzeit in einer aktuellen Beziehung auftauchen können, macht sich die Psychoanalyse zunutze. Denn das heißt, dass wir die Bedeutung der Affekte auch aus vorsprachlichen Beziehungssituationen wiederbeleben und in der aktuellen Beziehung erfahrbar machen können. Es ist unschwer vorstellbar, dass diese aktualisierten Gefühlskonstellationen deshalb so schwierig sind, weil sie in der Analyse etwas wiederbeleben, was den Betreffenden auch im Alltag Probleme bereitet, was sie aber in der Regel nicht wahrhaben möchten und/oder können. Da die psychoanalytische Beziehung sich wie ein Brennglas auf die frühkindlichen affektiven Objektbeziehungsmuster richtet, ruft sie die schwierigen Gefühle wieder hervor.

Zentrale Ängste, die in einer Behandlung auftauchen, betreffen vor allem die Abhängigkeit von einem anderen Menschen und die Angst, allein gelassen zu werden, oder die Enttäuschung entsprechender Abhängigkeitswünsche. Besonders schwierig ist die „Angst vor dem Zusammenbruch" in der Behandlung, die Winnicott (1991, S. 1119) als psychotische Angst vor dem seelischen Tod beschreibt, dem „ewigen Fallen", dem „Verlust der Fähigkeit zu Objektbezogenheit" und „Realitätssinn". Seine These besagt, dass „das, was uns klinisch als Angst vor dem Zusammenbruch begegnet, die Angst vor einem Zusammenbruch" sei, „der bereits erlebt wurde". Patient:innen, die also Angst vor einem Zusammenbruch in ihrer Behandlung haben, haben diesen Zusammenbruch früher schon einmal erlebt und Angst, er könnte sich wiederholen.

Doch kann Angst paradoxerweise auch ein gewisses Maß an Sicherheit schaffen: Mit ihrer Hilfe kann man ordnen, welches Gefühl akzeptabler ist als ein anderes, weil es mehr oder weniger Angst macht. Man kann Ausweichmöglichkeiten erschließen oder Bewältigungsstrategien auf ihre gefühlsmäßige Wirkung hin abtasten. Wo Angst sonst in der Regel ein Nachdenken über andere Gefühle ermöglicht und diese entgiftet, kann sie umgekehrt auch Gefühle vergiften und zu schier unüberwindlichen Hindernissen machen. Wenn der Angstaffekt überwältigend wird, kann der innere Widerspruch so groß werden, dass er die Möglichkeit, zu denken und bewusst zu handeln, außer Kraft setzt. Der Zusammenbruch der Angstspannung und des durch sie erzeugten Widerspruchserlebens führt zu Gewalt und Schrecken.

Fallbeispiel: Ein Therapiepatient, der als Kind von seinem Vater geschlagen und in unaushaltbare Angstsituationen versetzt worden war, hatte es sich zum Lebensprinzip gemacht, Grenzen zu attackieren. Begegnete er in seiner Therapie einer Grenze, explodierte er und versetzte mich mit seinen plötzlichen und heftigen Wutausbrüchen in Angst und Schrecken. Zugleich behauptete er, selbst keine Angst zu kennen. Glaubte er einmal, in meinen Augen Angst wahrzunehmen, sagte er mir mit drohender Stimme: „Hier gibt es keine Angst!" In der Tat erlebte er Angst wohl nicht in sich als Gefühl, sondern als unaushaltbare Affektspannung, derer er sich gewaltsam entledigen musste. Seine nicht wahrnehmbaren und schwer kommunizierbaren Affekte von Angst und Wut wuchsen in ihm offenbar solang an, bis er sie in der äußeren Realität zum Platzen brachte, plötzlich laut losbrüllte, die Wohnungseinrichtung oder auch seine Beziehungen zertrümmerte. In diesem Fall diente das Zerplatzen zunächst dazu, die wohl unerträglichen Grenzen zwischen ihm selbst und den anderen zu vernichten. Es sollte in mir Schrecken erzeugen, um gemeinsam mit ihm Getrenntheit zu verleugnen. So paradox es klingt: Der durch die Ausbrüche des Patienten hervorgerufene Schrecken diente offenbar der Vermeidung einer mit der Wahrnehmung von Grenzen verbundenen unerträglichen Angst. Waren wir im Schrecken vereint, brauchten wir keine Angst mehr voreinander zu haben.

Ähnliches gilt für den Schmerz: ist er normalerweise ein Hinweis auf ein schwieriges Gefühl in der Seele oder im Körper, welches einen starken Widerspruch erzeugt, der zum Handeln und zur Veränderung aufruft, so kann er in schier unüberwindliches Leid umschlagen, wenn der Schmerz nicht mehr als Signal zur Veränderung wahrgenommen werden kann, sondern nahezu unerträglich wird. Besonders schwierig werden Gefühle dann, wenn sie in ihrer Bedeutungsstiftung außer Kraft gesetzt werden, wenn sie in ihrer Sinnhaftigkeit zusammenbrechen oder sich wieder in Affekte umwandeln, wenn also Angst oder Schmerz in Unaushaltbarkeit (Beland 2011), Gefühlsstarre oder innere Unfreiheit umschlagen. Nicht von ungefähr sind zentrale Prognosekriterien für den erwartbaren Erfolg oder Misserfolg einer Behandlung Leidensdruck und Angsttoleranz. Gefühle werden ja auch deswegen als schwierig empfunden, weil sie Angst auslösen, seelischen oder körperlichen Schmerz verursachen und/oder persönliche Freiheit einschränken.

Eines der schlimmsten Gefühle ist wohl die Hoffnungslosigkeit im Sinne einer Überzeugung, niemals in der Lage zu sein, die schmerzhaften Gefühle oder den Gefühlsschmerz loszuwerden. Da man all diese Zustände in der Regel nicht haben, sondern eher vermeiden möchte, gehören Schmerzgenerierung und Schmerzerkundung mit zu jeder psychotherapeutischen Erfahrung. Doch anders als der schier unverstehbare seelische Schmerz vor Beginn einer Behandlung, versucht die Analyse, dem Namenlosen einen Namen zu geben, Affekte in Gefühle zu verwandeln und so das vermeintlich Sinnlose mit Bedeutung zu versehen.

Rat: Rechnen Sie damit, dass es Ihnen in einer Therapie oder Analyse phasenweise besser, aber auch immer mal wieder schlechter gehen kann. Versuchen Sie, diese Phasen durchzustehen und darüber zu sprechen, auch wenn Sie am liebsten davonlaufen oder sich umbringen würden. Bei der Wahl eines Analytikers bzw. einer Therapeutin sollten Sie sich daher die Frage stellen, ob es möglich sein könnte, mit diesem Menschen auch die abgründigsten Erfahrungen und destruktivsten Gefühle zu teilen. Um wirklich etwas von einer Behandlung zu haben, ist es wichtig, auch negative Vorstellungen und schwierige Gefühle zuzulassen.

3.8 Heilung ohne Ende, Entwicklung ohne Ziel, Erfüllung durch Enttäuschung

Wann endet eine Psychoanalyse? Freud (1937c, S. 63) beantwortet diese Frage nüchtern: „Die Analyse ist beendigt, wenn Analytiker und Patient sich nicht mehr zur analytischen Arbeitsstunde treffen." Allerdings, fügt er gleich darauf erklärend wie auch verunklarend hinzu, werden sie das tun, „wenn zwei Bedingungen ungefähr erfüllt sind, die erste, dass der Patient nicht mehr an seinen Symptomen leidet und seine Ängste wie seine Hemmungen überwunden hat, die zweite, dass der Analytiker urteilt, es sei beim Kranken so viel Verdrängtes bewusst gemacht, so viel Unverständliches aufgeklärt, so viel innerer Widerstand besiegt worden, dass man die Wiederholung der betreffenden pathologischen Vorgänge nicht zu befürchten braucht." Die selbst aufgeworfene Frage, ob man eine Behandlung so weit treiben könne, „dass eine Fortsetzung der Analyse keine weitere Veränderung versprechen" und ein „Niveau von absoluter psychischer Normalität" erreicht werden kann, lässt Freud offen. Als ebenso problematisch erscheint aus meiner Sicht das Kriterium, dass es am Ende einer Analyse „zu einer vollständigen", mindestens „relativen Auflösung" (Pollak 1999, S. 1278) der Übertragung gekommen sein sollte. Denn das würde ja voraussetzen, dass es so etwas wie ein übertragungsfreies Leben gibt. Das aber ist unmöglich, weil es der Auflösung des Unbewussten und seiner Dynamik gleichkäme. Eher schon könnte man von einem Zurücktreten der Übertragung sprechen, also davon, dass diese den aktuellen, realen Beziehungen wieder den Vorrang überlässt.

In der gegenwärtigen Praxis endet eine Psychotherapie oft, wenn das feste Kontingent bewilligter Kassenstunden aufgebraucht ist, was oft mit dem Abklingen der akuten Symptomatik zusammentrifft. Im Rahmen der GKV wird davon ausgegangen, dass nach 240–300 Sitzungen AT und ca. 100 Sitzungen TP eine Symptomfreiheit erreicht ist und die Behandlung beendet werden kann. Allerdings gilt bei den Kassen bislang eigentlich die Regel: Behandelt wird, solange Krankheitswertiges vorliegt. Trotz potenzieller Unabschließbarkeit und unsicheren Erfolgs und trotz der Forderung, vom eigenen Wünschen, Wollen und Begehren abzusehen, versuchen Psychoanalytiker:innen wie auch Psychotherapeut:innen also, den Patient:innen zu helfen, eine Besserung ihres seelischen Zustands zu erlangen. Was allerdings Besserung heißt, bleibt umstritten. Manchmal kann auch eine Verschlechterung des subjektiven Fühlens eine Besserung sein – etwa, wenn der/die Betroffene vorher nicht fühlen oder sich nicht schlecht fühlen konnte.

Selbstverständlich bemühen sich sowohl die Psychoanalyse als auch die Psychotherapie darum, den Menschen, die sich an sie wenden zu helfen, mit ihrem Leiden und ihren Problemen besser fertigzuwerden oder sie bestenfalls sogar zum Verschwinden zu bringen. Während andere Psychotherapieformen zuvörderst auf eine Beseitigung der Krankheitssymptome orientieren, geht es der Psychoanalyse auch darum, das Gesamtgefüge der Persönlichkeit zu erfassen und so zu beeinflussen, dass durch einen besseren Umgang mit den eigenen Problemen eine dauerhafte Besserung möglich scheint.

Fallbeispiel: „Dann muss ich ja wohl ewig hierher kommen?" Das äußerte wutschnaubend eine Patientin, der ich gerade ihren Wunsch nach Beendigung der Psychotherapie als Ausdruck ihrer üblichen Tendenz gedeutet hatte, Beziehungen abbrechen zu wollen, wenn die gerade anfingen, ihr wichtig zu werden, und Angst vor Abhängigkeit und Fallengelassenwerden auslösten. Als ich ihr daraufhin sagte: „Irgendwie möchten Sie das ja auch", lachte sie und meinte: „Ja, dann muss ich nicht überlegen, wie eine Beziehung auf *gute* Weise zu Ende gehen kann." Sie hatte etwas Wesentliches von ihrer Tendenz erfasst, Trennung im Sinne einer Differenzierung von ihren frühen inneren Objekten zu vermeiden, indem sie sie entweder vollständig verleugnete oder sich abrupt und plötzlich radikal trennte. Das löste verständlicherweise die Angst in ihr aus, ihre Objekte gänzlich zu verlieren und ins Leere zu fallen.

Eine Psychoanalyse gilt daher als potenziell unendlich. Was nicht stimmt und nicht stimmen kann, denn alles hat einmal ein Ende … Im Idealfall endet eine Analyse so, dass beide, Therapeut:in wie auch Patient:in, zu dem Gefühl gelangen: „Jetzt ist Es gut." Die Beziehung hat sich hoffentlich grundlegend geändert, sie ist vielleicht milder, freundlicher geworden und hat an Dramatik verloren. Und: Ich kenne meine eigenen Konflikte und Untiefen gut genug, um auf der Grundlage der verinnerlichten analytischen Beziehungserfahrungen mit ihnen zur Not auch allein (das heißt ohne Hilfe der Analytikerin bzw. des Analytikers) fertigwerden zu können. Das erspart jedoch nicht den Abschiedsschmerz, sondern verstärkt ihn im Gegenteil eher noch. Denn, was einem nicht mehr wehtut, sondern im Gegenteil eine liebgewonnene Gewohnheit geworden ist, die stützt und hält, mag man nicht so ohne Weiteres loslassen. So wie jede/jeder Patient:in seinen/ihren eigenen Anfang und seine/ihre eigene Therapie hat, so hat er/sie auch seine/ihre eigene Art des Abschieds. Mit Donald Meltzer (1995, S. 26) lässt sich die Analyse als „potentiell lebenslanger Prozess" begreifen, als eine „durch Einsicht und Verantwortung gekennzeichnete Lebensweise", und „Methode, Selbstanalyse in Gang zu setzen". Wenn es gut läuft, kommt am Ende also etwas anderes heraus, als man/frau am Anfang erwartet hat.

Psychoanalyse ist somit notwendig verbunden mit Enttäuschung, weil es unmöglich ist, dass die Realisierung dem vorangegangenen Wunsch bzw. der Erwartung entspricht. Würde sie ihr entsprechen, dann bräuchte man/frau keine Behandlung zu machen. Die Enttäuschung ergibt sich also daraus, dass die Vorstellungen zu Beginn meist aus riesenhaften Erwartungen und Idealisierungen bestehen, die bestenfalls am Ende realistischer geworden sind, gemessen an den Möglichkeiten und Wahrheiten der eigenen inneren Welt. Die anfänglichen Erwartungen an eine Psychoanalyse müssen auch deshalb enttäuscht werden, weil sie ja unter anderem eine Suche nach der eigenen unbewussten Wahrheit ist, und man/frau die ja, eben weil sie unbewusst ist, vorher bzw. am Anfang des Prozesses noch nicht kennen kann. Enttäuschung ent-täuscht, das heißt, sie beseitigt (Selbst-)Täuschungen. Manchmal ist es auch so, dass diese Phase realitätshaltiger Enttäuschung erst nach der Behandlung einsetzt. Wobei ich glaube, dass das nicht

3.8 Heilung ohne Ende, Entwicklung ohne Ziel, Erfüllung durch …

so ganz stimmt, weil Patient:innen, die zu Analytiker:innen gehen, in irgendeiner Weise auch bewusst oder unbewusst eine Vorstellung von dem entwickeln, was sie dort erwartet.

Im Idealfall findet eine produktive, erfüllende Enttäuschung statt, in dem Sinne, dass im Prozess der Enttäuschung etwas wirklich Gutes entsteht und dass damit der Wunsch, sich an das anzunähern, was man zuvor noch nicht wusste, in Erfüllung geht. Eine Leerstelle wird gefüllt mit etwas Konkretem, worin sich Erfüllung und Enttäuschung treffen. So etwa, wenn Patient:innen erwarten, dass sich eine schlechte Beziehung wiederholt oder dass es unmöglich ist, eine produktive Beziehung einzugehen, und sich das dann im mit der Zeit verändert. Notgedrungen verändert sich damit im Laufe der Behandlung auch die Enttäuschung. Während Patient:innen mitunter nach einer gewissen Zeit klagen, es habe sich ja immer noch nichts getan, es passiere immer das gleiche, man wisse zwar inzwischen, wo die eigenen Problempunkte lägen, doch könne man immer noch nicht mit ihnen umgehen, es habe sich nichts verändert, sind eben diese Klagen wichtige Indikatoren dafür, dass sich etwas verändert hat. Was genau das ist, lässt sich oftmals schwer beschreiben. Meist ist es verbunden mit einem Gefühl größerer Lebendigkeit und Klarheit sich selbst und anderen gegenüber. Man könnte dies auch ein Gefühl ehrlicher oder zufriedener Enttäuschung nennen, das sich unter anderem aus der Gewissheit speist, überlebt und etwas *wirklich* Gutes erworben zu haben.

Das Bewusstsein einer (im Wesentlichen) freundlichen äußeren Realität, die für die Befriedigung der eigenen Bedürfnisse etwas Gutes bereithält, wird aus der unerlässlichen Außerkraftsetzung omnipotenter Vorstellungen und Wünsche, also für *gut* gehaltener illusionärer Fantasien geboren. Diese entidealisierende Rücksichtnahme auf die Außenwelt erscheint als ein schmerzhafter Prozess produktiver Ent-Täuschung. Mit ihr verbunden ist die Anerkennung der Grundgesetze unserer inneren Realität, der seit Roger Money-Kyrle (1971, S. 443 ff.) sogenannten *facts of life* oder auch „treu acts of recognition" bzw. „general ideas". Sie umfassen die Anerkennung des Guten, Geburt und Tod sowie die Geschlechterbeziehungen als der eigenen Existenz vorangehende, wenngleich verschiebbare und kulturell ausgestaltbare Grenzen der individuellen Existenz. Diese Anerkennung ermöglicht es Patient:innen, ihr Leben im Rahmen der Gesetzmäßigkeiten psychischer Realität selbstständig auf eine Weise zu führen, die es ihnen ermöglicht, die je eigenen Spielräume und Fähigkeiten für ein erfüllteres Leben zu nutzen.

Die widersprüchliche Aufgabe von Analytiker:innen besteht also darin, sich überflüssig und zugleich unentbehrlich zu machen: Patient:innen sollten am Ende die Seelenarbeit hinreichend gut in sich aufgenommen haben, um sie allein (freilich mithilfe eines inneren Analytikers) fortführen zu können. Auch hat man/frau am Ende nicht nur die Patient:innen, sondern im Idealfall, wenn schon nicht sich selbst behandelt, so doch zumindest viel über sich gelernt (vgl. Casement 1991). Oder wie Gertrud Hardtmann (1997, S. 93) es treffend formuliert: „Viele Einsichten über mich verdanke ich meinen Patienten. Ich hoffe, dass sie das gleiche von mir sagen können."

Rat: Wenn der Wunsch nach einem Ende in der Behandlung auftaucht, hinterfragen Sie ihn nach seiner Bedeutung im Kontext des aktuellen Standes Ihrer Behandlung und der therapeutischen Beziehung. Bevor Sie die Therapie tatsächlich beenden, versuchen Sie, noch innerhalb der therapeutischen Beziehung zu ergründen, welche Bedeutung der Wunsch nach einem Ende für Sie und Ihre eigene innere Gefühls- und Objektwelt hat. Wenn Sie beide dann aus guten Gründen der Meinung sind, es ist Zeit, sich zu verabschieden, dann tun Sie es.

Literatur

Arendt, H. (2013). *Wahrheit und Lüge in der Politik*. Piper.
Beland, H. (2008). *Die Angst vor Denken und Tun. Psychoanalytische Aufsätze zu Theorie, Klinik und Gesellschaft*. Psychosozial-Verlag.
Beland, H. (2011). *Unaushaltbarkeit. Psychoanalytische Aufsätze II zu Theorie, Klinik und Gesellschaft*. Psychosozial-Verlag.
Bion, W. R. (1992 [1962]). *Lernen aus Erfahrung*. Suhrkamp.
Bion, W. R. (2006 [1970]). *Aufmerksamkeit und Deutung*. edition diskord.
Bion, W. R. (1994 [1979]). Making the best of a bad job. In *Clinical Seminars. And other Work*. (S. 321–331) Routledge.
Bohleber, W. (2012). *Was Psychoanalyse heute leistet: Identität und Intersubjektivität, Trauma und Therapie, Gewalt und Gesellschaft*. Klett-Cotta.

Literatur

Breuer, J. & Freud, S. (1895[1970]). Studien über Hysterie. Fischer.
Casement, P. J. (1991). *Learning from the Patient*. Foreword by R. S. Wallerstein. The Guilford Press.
Deserno, H. (1990). *Die Analyse und das Arbeitsbündnis, Kritik eines Konzepts*. Fischer.
Ebrecht-Laermann, A. (2007). Vom glücklichen Bewusstsein, vom unglücklichen Bewusstsein und vom plötzlichen Erscheinen des Guten. In C. Türcke & O. Decker (Hrsg.). Kritische Theorie – Psychoanalytische Praxis. (S. 182–195) Psychosozial-Verlag.
Ebrecht-Laermann, A. (2011a). Lügen als Passion. Über einige Möglichkeiten, die Wahrheit zu verwirren. In W. Amthor, A. Hille & S. Scharnowski (Hrsg.). *Wilde Lektüren*. Literatur und Leidenschaft. (S. 65–81) Aisthesis.
Ebrecht-Laermann, A. (2011b). „Woher, in aller Welt, der Trieb zur Wahrheit?" Zur Problematik von Wahrheit, Wahrhaftigkeit und Lüge in der Psychoanalyse. In K.-J. Bruder, C. Bialluch und B. Leuterer (Hrsg.). *Macht – Kontrolle – Evidenz*. (S. 325–340) Psychosozial-Verlag.
Ebrecht-Laermann, A. (2012). Über das gegenwärtige Unbehagen an der Psychoanalyse. In *Von der Couch zum Coach. Ästhetik & Kommunikation 43 (156)*, 39–48.
Ebrecht-Laermann, A. (2014). *Angst*. Reihe Analyse der Psyche und Psychotherapie. Psychosozial-Verlag.
Ebrecht-Laermann, A. (2017). „Ich lüge nie." – „Ich lüge immer." Paradoxales Lügen als psychotische Perversion des Denkens und der Objektbeziehungen. In *Jb. Psychoanal. 74*. frommann-holzboog, 131–152.
Freud, S. (1910d). Die zukünftigen Chancen der psychoanalytischen Therapie. *GW VIII*. 104–115.
Freud, S. (1911b). Formulierungen über die zwei Prinzipien des psychischen Geschehens *GW VIII*. 229–238.
Freud, S. (1912b). Zur Dynamik der Übertragung. *GW VIII*. 363–374.
Freud, S. (1912e). Ratschläge für den Arzt bei der Psychoanalytischen Behandlung. *GW VIII*. 376–387.
Freud, S. (1914g). Erinnern, Wiederholen und Durcharbeiten. *GW X*. 126–136.
Freud, S. (1915c). Triebe und Triebschicksale. *GW X*. 209–232.
Freud, S. (1916–17a [1915–17]). Vorlesungen zur Einführung in die Psychoanalyse. *GW XI*.
Freud, S. (1919a). Wege der psychoanalytischen Therapie. *GW XII*. 181–194.
Freud, S. (1920g). Jenseits des Lustprinzips. *GW XIII*. 2–69.
Freud, S. (1926d). Hemmung, Symptom und Angst. *GW XIV*, 111–205.
Freud, S. (1927c). Die Zukunft einer Illusion. *GW XIV*. 325–380.
Freud, S. (1933a). Neue Folge der Vorlesungen zur Einführung in die Psychoanalyse. *GW XV*.
Freud, S. (1937c). Die endliche und die unendliche Analyse. *GW XVI*. 57–99.
Freud, S. (1940a). Abriss der Psychoanalyse. *GW XVII*. 63–138.
Greenson, R. (1989). *Technik der Psychoanalyse*. Bd. I. (5. Aufl.) Klett-Cotta.

Hardtmann, G. (1997). Die Lebendigkeit einer Beziehung lebt von der Differenz. In W. Mertens (Hrsg.): *Der Beruf des Psychoanalytikers*. (S. 91–99) Klett Cotta.
Haubl, R. & Mertens, W. (1996). *Der Psychoanalytiker als Detektiv*. Kohlhammer.
Hinshelwood, R. D. (1997). *Die Praxis der kleinianischen Psychoanalyse*. Aus dem Englischen übers. von E. Vorspol. Verlag Internationale Psychoanalyse.
Janssen, P. L. (2001). Zur aktuellen Situation der Anwendungen der Psychoanalyse in der Psychotherapie. In W. Bohleber & S. Drews (Hrsg.). *Die Gegenwart der Psychoanalyse – die Psychoanalyse der Gegenwart*. (S. 491–507) Klett-Cotta.
Kant, I.(1797 [1998]). Über ein vermeintes Recht aus Menschenliebe zu lügen. In *Immanuel Kant. Werke in sechs Bänden. Bd. IV*. (S. 637–643) Wissenschaftliche Buchgesellschaft.
Klein, M. (1946). Bemerkungen über einige schizoide Mechanismen. In Kutter P. & Roskamp, H. (Hg.) (1974): Psychologie des Ich. Psychoanalytische Ich-Psychologie und ihre Anwendungen. Wissenschaftliche Buchgesellschaft, S. 141–174.
Klein, M. (1987 [1932]). *Die Psychoanalyse des Kindes*. Fischer.
Klußmann, R. (2000). *Psychotherapie. Psychoanalytische Entwicklungspsychologie – Neurosenlehre – psychosomatische Grundversorgung – Behandlungsverfahren – Aus- und Weiterbildung*. (3. überarb. Aufl.) Springer-Verlag.
Krejci, E. (2015). *Vertiefung in die Oberfläche: Ausgewählte Schriften*. Psychosozial.
Loch, W. (1993). *Deutungs-Kunst. Dekonstruktion und Neuanfang im psychoanalytischen Prozeß*. edition diskord.
Malcolm, J. (1991). *Fragen an einen Psychoanalytiker. Zur Situation eines unmöglichen Berufs*. Stuttgart: Klett-Cotta.
Meltzer, D. (1995). *Der psychoanalytische Prozess: Mit einem Nachwort zu den Weiterentwicklungen bis heute*. Übers. von I. Dieckmann. Verlag Internationale Psychoanalyse.
Money-Kyrle, R. E. (1971). The aim of Psycho-analysis. In R. E. Money-Kyrle (1978). *The collected papers of R. Money-Kyrle*. Ed. by D. Meltzer with the assistance of E. O'Schaughnessy. (S. 442–449) Perthshire: Clunie Press.
Nissen, B. (Hrsg.) (2021). W*endepunkte: Zur Theorie und Klinik psychoanalytischer Veränderungsprozesse*. Psychosozial-Verlag.
Nissen, B. (2024). Zur Behandlung namenloser Zustände. Theoretische, klinische und technische Überlegungen. Psyche – Z. Psychoanal. 78 (11), S. 1009–1030.
O'Shaughnessy, E. (1998 [1990]). *Kann ein Lügner analysiert werden? Emotionale Erfahrungen und psychische Realität in Kinder- und Erwachsenen-*

alter. Hrsg. von C. Frank und H. Weiß. Aus dem Englischen von C. Frank. edition diskord.
Ogden, T.H. (1997). *Analytische Träumerei und Deutung. Zur Kunst der Psychoanalyse.* Springer.
Pollak, T. (1999). Über die berufliche Identität des Psychoanalytikers. Versuch einer professionstheoretischen Perspektive. *Psyche – Z. Psychoanal. 53 (12),* 1266–1295.
Rosa, H. (2005). *Beschleunigung. Die Veränderungen der Zeitstrukturen in der Moderne.* Frankfurt/M: Suhrkamp.
Rosenfeld, H. (1990 [1987]). *Sackgasse und Deutungen. Therapeutische und antitherapeutische Faktoren bei der psychoanalytischen Behandlung von psychotischen, Borderline- und neurotischen Patienten.* Verlag Internationale Psychoanalyse.
Rudolf, G. (2014). *Psychodynamische Psychotherapie. Die Arbeit an Konflikt, Struktur und Trauma.* (2. Aufl.) Schattauer.
Scharff, J. M. (2007). Psychoanalysieren und die Kunst der Balance. In *Psyche – Z. Psychoanal.* 61 (9–10). 837–863.
Schneider, G. (2005). Die Gefahr der Heilung – psychische Veränderung als tödliche Bedrohung. *Jb. Psychoanal. 51,* 81–112.
Solms, M. (1996). Was sind Affekte? In *Psyche – Z. Psychoanal.* 50 (5), 485–522.
Steiner, J. (1998). *Orte des seelischen Rückzugs. Pathologische Organisation bei psychotischen, neurotischen und Borderline-Patienten.* Klett-Cotta.
Tuckett, D., Allison, E., Bonard, O., Bruns, G.J., Christopoulos, A., Diercks, M., Hinze, E., Linardos, M. & Sebek, M. (2024): *Knowing What Psychoanalysts Do and Doing What Psychoanalysts Know.* Assisted by A. Bronstein & M. Rudden. Rowman & Littlefield.
Winnicott, D. W. (1995 [1971]). *Vom Spiel zur Kreativität.* Klett-Cotta.
Winnicott, D.W. (1991). Die Angst vor dem Zusammenbruch. In *Psyche – Z. Psychoanal.* 45 (12), 1116–1126.
Winnicott, D. W. (1983 [1951]). Übergangsobjekte und Übergangsphänomene. In *Von der Kinderheilkunde zur Psychoanalyse.* Suhrkamp, S. 300–319.
Zwiebel, R. (2013). *Was macht einen guten Psychoanalytiker aus? Grundelemente professioneller Psychotherapie.* Klett-Cotta.

Wege ins Innere der äußeren Welt

4

Inhaltsverzeichnis

4.1 Vom Individuum zur Gesellschaft und zurück: Wege psychoanalytischer Sozialpsychologie 87
4.2 Der politische Gehalt psychoanalytischer Sozialpsychologie 90
Literatur 92

Zusammenfassung Das 4. Kapitel geht kurz auf das Verhältnis von individueller und gesellschaftlicher Psychodynamik ein, wie sie sich aus der Sicht der psychoanalytischen Sozialpsychologie darstellt, und verweist auf aktuelle Institutionalisierung psychoanalytischer Sozialpsychologie in spezifischen Fachgesellschaften.

4.1 Vom Individuum zur Gesellschaft und zurück: Wege psychoanalytischer Sozialpsychologie

Trotz seiner klinischen Grundorientierung vertrat Freud (1926c, S. 339) die Auffassung, die Therapie sei lediglich *einer* von vielen Anwendungsbereichen der Psychoanalyse. Diese lasse sich auch auf Literatur, Kunst und andere kulturelle sowie gesellschaftliche Bereiche anwenden. Dementsprechend leiten sich aus der Metapsychologie und der Klinik der Psychoanalyse auch theoretische Anwendungsmöglichkeiten für andere Bereiche und

Wissenschaften ab wie beispielsweise für die Soziologie, für Politik und Politikwissenschaft, für Kulturtheorie, Geschichte sowie für Musik- und Literaturwissenschaft, aber auch für das Kunstschaffen selbst.

Ein weiteres wichtiges Feld theoretischer wie auch praktischer Anwendung der Psychoanalyse findet sich im Bereich psychoanalytischer Sozialpsychologie bzw. Sozial- und Kulturtheorie. Ausgehend von der kritischen Theorie der *Frankfurter Schule* und den linken Psychoanalytiker:innen der 1. und 2. Generation (wie etwa Otto Fenichel und Erich Fromm) entwickelte sich hier zunächst hauptsächlich ein theoretischer Anwendungsbereich der Psychoanalyse, der jedoch immer wieder auch im politisch-sozialen Raum Geltung beanspruchte (vgl. Jacobi 1990; vgl. Jay 1976). Im Unterschied zu ausschließlich klinisch arbeitenden Analytiker:innen, die Psychoanalyse auf die innere Welt und die psychoanalytische Situation, also die individuelle Beziehung zwischen Analytiker:in und Analysand:in beschränkt sehen wollten, suchten Vertreter:innen dieser Richtung früh schon und immer wieder, die Verbindung zwischen der/dem Einzelnen und der Gruppe (vgl. Bion 1961), zwischen Individuellem und Sozialem (vgl. Schülein 2007), zwischen Natur und Kultur (vgl. Wirth 2022) zu verstehen.

Von außen betrachtet erscheint die Psychoanalyse als etwas schlechthin Privates, geradezu Intimes. Schaut man aber etwas genauer hin, so gibt es Ansatzpunkte politischer Theorie sowohl in Freuds Auffassung von der Psychoanalyse als Therapie, in der sogenannten Technik, als auch in der psychoanalytischen Persönlichkeitstheorie, in der Metapsychologie, und nicht zuletzt in der Psychoanalyse als Krankheitslehre, in der Psychopathologie. Wie etwa Fehlleistungen (sich ungewollt versprechen oder etwas signifikant Wichtiges wie beispielsweise einen Schlüssel vergessen) zeigen, ist das Unbewusste ein dauerhafter Bestandteil nicht nur der analytischen und therapeutischen Erfahrung, sondern unseres alltäglichen Lebens überhaupt.

Fallbeispiel: Der Radiosprecher, der eine Regierungskoalition statt als Schwarz-Gelb versehentlich als Schwarz-Geld bezeichnet, verrät etwas von seinen unbewussten Einschätzungen und eventuell auch Wünschen oder Gewissensbissen.

Aus solchen und ähnlichen Phänomenen lässt sich schließen, dass unbewusste Dynamiken und psychische Strukturen nicht nur in der inneren Welt der einzelnen Menschen, sondern auch in allen gesellschaftlich-kulturellen Lebensbereichen wirksam sind. Diese Bereiche stellen zwar jeweils äußere gesellschaftliche Realitäten dar, sie sind jedoch im Sinn der von Winnicott beschriebenen Übergangsräume symbolisch strukturiert und somit im individuellen psychischen Leben der einzelnen Menschen verankert (vgl. Ebrecht 2003). Die psychoanalytische Sozialpsychologie befasst sich unter anderem mit der Frage, wie das Zusammenwirken der unbewussten Dynamiken und kulturellen Phänomene bzw. gesellschaftlichen Strukturen, Institutionen und Konflikte verstanden bzw. erklärt werden kann und welche pathologischen Verzerrungen sowie Möglichkeiten der Einflussnahme es gibt.

Indem Freud sich in der Praxis auf die tiefsten Untiefen der individuellen Seele einließ, kam er auch in der Theorie den Wurzeln und Mechanismen des Sozialen ein Stück weit auf die Spur. Ausgehend von seinen zentralen sozialtheoretischen Schriften, wie zum Beispiel *Totem und Tabu* (Freud 1912–13a), *Massenpsychologie und Ich-Analyse* (Freud 1921c), *Die Zukunft einer Illusion* (Freud 1927c) und *Das Unbehagen in der Kultur* (Freud 1930a), geht es inhaltlich beispielsweise darum, ob und wie das Unbewusste und die einander widersprechenden libidinösen und destruktiven Triebdynamiken in der Gesellschaft wirken, wie Macht und Herrschaft in der Gesellschaft und im Individuum verankert sind, wie man/frau Aufbau und Funktion von Institutionen psychoanalytisch erklären kann, wie es zu Gewalt und Krieg kommt und warum sich Menschen einem autoritären oder totalitären Regime bzw. einer extremistischen Religion oder Ideologie unterwerfen etc. Eine besondere Rolle haben dabei psychoanalytische Versuche, den Nationalsozialismus und seine psychosozialen Ursachen zu ergründen. Denn das Ausmaß an Grausamkeit und Destruktivität übersteigt hier alle Maßstäbe von Menschlichkeit und menschlicher Vernunft (vgl. Horkheimer & Adorno 1969) und wirft die Frage auf, wie so etwas psychisch möglich sei und ob es in der menschlichen Seele so etwas gebe, wie das reine, absolut Böse.

Indem sie die destruktiven Triebimpulse und unbewussten Konflikte nicht nur beim Individuum, sondern auch in kulturellen und sozialen Kontexten zu entdecken hilft, verhält sich Psychoanalyse potenziell kritisch der Gesellschaft gegenüber. Das zeigt sich etwa in der zentralen Rolle der Psychoanalyse für die feministische Kritik und Sozialtheorie (vgl. Benjamin 1990; vgl. Chodorow 1985; vgl. Butler 1997). Schon Freud ging durchaus nicht immer konform mit den Machtverhältnissen, gesellschaftlichen Regeln und ethischen Normen seiner Zeit. Indem er entdeckte und öffentlich beschrieb, welche wichtige Rolle die frühkindliche Sexualität bei der Entstehung psychischer Erkrankungen spielt, grenzte er sich ausdrücklich ab von zu seiner Zeit herrschenden gesellschaftlichen Autoritäten und ihren Moralvorstellungen. Da Psychoanalyse sich potenziell stets im Widerspruch zur Gesellschaft und nicht sachlich begründeter Autorität befindet, ist sie in sich und aus sich heraus kritisch, wie Freud (1910d, S. 111) selbst bereits erkannte und beschrieb: „Die Gesellschaft wird sich nicht beeilen, uns Autorität einzuräumen. Sie muss sich im Widerstande gegen uns befinden, denn wir verhalten uns kritisch gegen sie; wir weisen ihr nach, dass sie an der Verursachung der Neurosen selbst einen großen Anteil hat."

So nimmt es auch nicht Wunder, dass psychoanalytische Konzepte in den Sozialwissenschaften wie etwa im Bereich der kritischen Theorie der Frankfurter Schule zur Fundierung einer kritischen Sozialpsychologie verwendet wurden. In dieser Tradition wurde und wird sie beispielsweise im *Sigmund-Freud-Institut* Frankfurt gepflegt und weiterentwickelt – nicht nur als Grundlage inhaltlicher Orientierung, sondern auch als Methode qualitativer Sozialforschung (vgl. Haubl 2011, S. 62 ff.). Wenn die Psychoanalyse jedoch, wie andere Formen der Psychotherapie, eine eher äußerliche Anpassung an gesellschaftliche Bedingungen anstrebt und sich dafür technokratischer Techniken der Verhaltensänderung bedient, ohne deren Widersprüchlichkeit zu reflektieren, droht sie, ihr kritisches Potenzial zu verlieren und damit auch ihre innovative Kraft.

4.2 Der politische Gehalt psychoanalytischer Sozialpsychologie

Einerseits fragt die Sozialpsychologie nach der psychischen Verfasstheit des Sozialen und danach, „inwieweit und in welcher Weise der seelische Apparat des Menschen verursachend oder bestimmend auf die Entwicklung oder Gestaltung der Gesellschaft" wirke (Fromm, 1929, S. 12). Andererseits widmet sie sich der Frage, wie Gesellschaft im Individuum repräsentiert sei und wie sie dessen innere Welt beeinflusse. Zum einen geht es also um das Psychische im Sozialen, zum anderen um das Soziale im Psychischen.

Unter Bezugnahme auf Freud sahen Analytiker:innen im psychischen Apparat den Ort, an dem sich Gesellschaft ins Individuum hinein vermittelt. Den einen erschien das Ich als die Instanz, die die Anpassung der Triebsphäre an die Gesellschaft realisiert (vgl. zum Beispiel Hartmann 1960), anderen galt das Über-Ich als der Ort, an dem sich gesellschaftliche Macht- und Herrschaftsverhältnisse in die Innenwelt der einzelnen einschreiben (vgl. Fromm 1936). Später dann haben Alexander und Margarete Mitscherlich (1967) das Ich-Ideal als den Ort herausgearbeitet, an dem sich die Gesellschaft im Einzelnen repräsentiert. Auch der individuelle Charakter wurde als Scharnier zwischen Individuum und Gesellschaft gesehen und in die Gesellschaft hinein als Sozialcharakter erweitert (vgl. Ebrecht 2010; vgl. Wirth 2003).

Gegenwärtig finden Ansätze psychoanalytischer Sozialpsychologie zunehmend mehr Beachtung, nicht nur im Hinblick auf ihre theoretischen, sondern auch in Bezug auf ihre empirisch-praktischen Bezüge und Geltungszusammenhänge. Hinzu kommt, dass Psychoanalyse heute auf vielfältige Weise nicht nur in der empirischen Sozialforschung Anwendung findet, sondern auch in verschiedenen Praxisfeldern, wie etwa der Pädagogik, der religiösen Seelsorge, der Krankenpflege etc. Dem Rechnung tragend bzw. derartige Ansätze aufnehmend und weiterentwickelnd hat etwa die *DPV* vor einigen Jahren einen *SuK* genannten Ausbildungsgang in *Sozial- und Kulturtheorie* initiiert, der es Vertreter:innen anderer Berufsgruppen als nur Mediziner:innen und Psycholog:innen ermöglicht, psychoanalytisches Denken besser kennenzulernen und in die Theorie und Praxis des eigenen Faches bzw. Berufes zu integrieren. Nach erfolgreicher Ausbildung gibt es die Möglichkeit, affiliiertes bzw. assoziiertes Mitglied in der DPV und einem ihrer regionalen Institute zu werden. Eine andere neuere institutionelle Weiterentwicklung bildet die neue *Gesellschaft für Psychoanalytische Sozialpsychologie*, in der unterschiedliche sozialpsychologische Strömungen etwa aus Hannover, Bremen und Frankfurt aufgegangen sind sowie deren Publikationsorgan die *Freie Assoziation*.

Angesichts des gegen Sigmund Freud häufig erhobenen Vorwurfs, seine Theorie sei unpolitisch, weil sie den Menschen an die schlechten Verhältnisse anpasse, scheint es immer wieder angebracht, sich die berühmte Schlusspassage aus Freuds (1895, S. 311 f.) *Studien über Hysterie* in Erinnerung zu rufen: „Ich habe wiederholt von meinen Kranken (…) den Einwand hören müssen: Sie sagen ja selbst, daß mein Leiden wahrscheinlich mit meinen Verhältnissen und Schicksalen zusammenhängt: daran können Sie ja nichts ändern; auf welche Weise wollen Sie mir denn helfen? Darauf habe ich antworten können: – Ich zweifle ja nicht, daß es dem Schicksal leichter fallen müßte als mir, Ihr Leiden zu beheben: aber Sie werden sich überzeugen, daß viel damit gewonnen ist, wenn es uns gelingt, Ihr hysterisches Elend in gemeines Unglück zu verwandeln. Gegen das letztere werden Sie sich mit einem wiedergenesenen Seelenleben besser zur Wehr setzen können."

Psychoanalyse, das macht diese Äußerung Freuds deutlich, verweist die Handelnden auf ihre Eigenverantwortung. Sie zielt darauf ab, die Kraft zu stärken, den bestehenden, problematischen oder gar schlechten Verhältnissen aktiver begegnen bzw. ihnen Widerstand entgegensetzen zu können, statt diese gegen das eigene Unbewusste, gegen die eigenen Wünsche und die autonome Denkfähigkeit zu richten. Auch Wissenschaftler:innen oder Politiker:innen könnten daraus lernen, nicht einen vermeintlichen Schuldvorwurf oder eine Verantwortung auf äußere Umstände, also auf die Gesellschaft, die institutionellen Rahmenbedingungen zu projizieren, sondern aus den Aufgaben und Konflikten heraus Selbsterkenntnis zu gewinnen und damit offenere Handlungsmöglichkeiten zu entwickeln. Dies würde aber bedeuten, sich selbst gegenüber offen zu sein und bereit zu sein, sich selbst wie auch andere infrage zu stellen.

Literatur

Benjamin, J. (1990). *Die Fesseln der Liebe. Psychoanalyse, Feminismus und das Problem der Macht.* Roter Stern.
Bion, W. R. (2000[1961]). Experiences in Groups and other Papers. Routledge.

Literatur

Butler, J. (2001[1997]). Psyche der Macht. Das Subjekt der Unterwerfung. (S. 7–34) Suhrkamp.

Chodorow, N. (1985). *Das Erbe der Mütter. Psychoanalyse und Soziologie der Geschlechter.* Frauenoffensive.

Ebrecht, A. (2003*). Die Seele und die Normen Zum Verhältnis von Psychoanalyse und Politik.* Psychosozial-Verlag.

Ebrecht, A. (2010). Charakter, Persönlichkeit und soziale Beziehung. In U. Bahrke (Hrsg.). *Denk' ich an Deutschland... Sozialpsychologische Reflexionen.* (S. 54–77) Brandes und Apsel.

Freud, S. (1895d/1909). Studien über Hysterie. *GW I.* 75–312.

Freud, S. (1910d). Die zukünftigen Chancen der psychoanalytischen Therapie. *GW VIII.* 104–115.

Freud, S. (1912–13a). Totem und Tabu. *GW IX.*

Freud, S. (1921c). Massenpsychologie und Ich-Analyse. *GW XIII.* 71–161.

Freud, S. (1926c). Hemmung, Symptom und Angst. *GW XIV.* 111–205.

Freud, S. (1927c). Die Zukunft einer Illusion. *GW XIV.* 325–380.

Freud, S. (1930a). Das Unbehagen in der Kultur. *GW XIV.* 421–506.

Fromm, E. (1993[1936]). Der autoritäre Charakter. In *Die Gesellschaft als Gegenstand der Psychoanalyse. Frühe Schriften zur Analytischen Sozialpsychologie.* Hrsg. von R. Funk. (S. 69–132) Suhrkamp.

Fromm, E. (1993[1929]). Politik und Psychoanalyse. In *Die Gesellschaft als Gegenstand der Psychoanalyse. Frühe Schriften zur Analytischen Sozialpsychologie.* Hrsg. von R. Funk. (S. 11–14) Suhrkamp.

Hartmann, H. (1960). Ich-Psychologie und Anpassungsproblem. Psyche – Z. Psychoanal. 53 (12), S. 81–164.

Haubl, R. (2011). Aktuelle sozialwissenschaftliche Forschung am Sigmund-Freud-Institut – ein Umriss. In M. Leuzinger-Bohleber & R. Haubl (Hrsg.). *Psychoanalyse: – interdisziplinär – international – intergenerationell.* (S. 62–77) Vandenhoeck & Ruprecht.

Horkheimer, M. & Adorno, T. W. (1969[1947]). *Dialektik der Aufklärung. Philosophische Fragmente.* Fischer.

Jacobi, R. (1990). *Die Verdrängung der Psychoanalyse oder Der Triumph des Konformismus.* S. Fischer.

Jay, M. (1976). *Dialektische Phantasie. Die Geschichte der Frankfurter Schule und des Instituts für Sozialforschung 1923–1950.* S. Fischer.

Mitscherlich, A. & Mitscherlich, M. (1991 [1967]). *Die Unfähigkeit zu trauern. Grundlagen kollektiven Verhaltens.* (13. Aufl.) Piper.

Schülein, J. A. (2007). Psychoanalyse und Soziologie – Schwierigkeiten eines sinnvollen Diskurses. In Busch, H.-J. (Hrsg.). *Spuren des Subjekts. Positionen psychoanalytischer Sozialpsychologie.* (S. 55–80) Vandenhoeck & Ruprecht.

Wirth, H.-J. (2003). *Narzissmus und Macht. Zur Psychoanalyse seelischer Störungen in der Politik.* Psychosozial-Verlag.

Wirth, H.-J. (2022). *Gefühle machen Politik: Populismus, Ressentiments und die Chancen der Verletzlichkeit.* Psychosozial-Verlag.

The manufacturer's authorised representative in the EU is Springer Nature Customer Service Centre GmbH, Europaplatz 3, 69115 Heidelberg, Germany. If you have any concerns regarding our products, please contact ProductSafety@springernature.com

Printed and bound by CPI Group (UK) Ltd, Croydon, CR0 4YY
23/03/2026
02076397-0002